Pe. JERÔNIMO GASQUES

CRUZANDO AS CONTAS

Gestão e administração eclesial

EDITORA
SANTUÁRIO

Dados Internacionais de Catalogação na Publicação (CIP) de acordo com ISBD

G249c Gasques, Jerônimo

Cruzando as contas: gestão e administração eclesial / Jerônimo Gasques. - Aparecida : Editora Santuário, 2025.
120 p. ; 14cm x 21cm.
Inclui bibliografia e índice.
ISBN: 978-65-5527-484-4
1. Religião. 2. Cristianismo. 3. Igreja. 4. Gestão. 5. Eclesial. I. Título.

2025-400 CDD 240
CDU 24

Elaborado por Odilio Hilario Moreira Junior - CRB-8/9949

Índice para catálogo sistemático:
1. **Religião : Cristianismo 240**
2. **Religião : Cristianismo 24**

1ª impressão

Rua Pe. Claro Monteiro, 342 – 12570-045 – Aparecida-SP
Tel.: 12 3104-2000 – Televendas: 0800 0 16 00 04
www.editorasantuario.com.br
vendas@editorasantuario.com.br

– "Uma gestão organizada e coerente com a Palavra de Deus é essencial para a missão pastoral e para o anúncio da Boa Nova" (Manual de administração da CNBB).

– Aos ecônomos, padres e leigos, administradores paroquiais e religiosos e religiosas que cuidam do economato de suas casas, secretarias paroquias e conselhos de administração (CAEP).

– Aos religiosos, irmãs ecônomas, monges e administradores das casas religiosas.

– Aos seminaristas para que se interessem pela gestão e aprendam a fazer as contas desde o tempo de formação. Nem sempre a formação presbiteral dá as bases da administração de uma paróquia.

– Peter Drucker acreditava que o trabalho do administrador é planejar, organizar, ajustar, medir e formar pessoas. Em suma, para ele "administração é fazer as coisas direito". Ou seja, ele enxergava essa área como necessária para o bom funcionamento de qualquer empresa ou organização.

ÍNDICE

NOTA DE OBSERVAÇÃO

Sem delongas, faz jus que se anotem alguns motivos ao escrever esta obra. De fato, o livro foge de minhas finalidades de escritos pelas longas décadas de publicações. Revendo temas e carências pastorais, essa foi uma descoberta inusitada: cuidar da administração, do economato e da gestão na comunidade paroquial (padres, religiosos, seminaristas e leigos).

No âmbito de pastoral, muitos temas são diretos ou transversais, mas aplicá-lo à reflexão sobre a administração, gestão, transparência, contabilidade, governança, finança é de interesse imediato para todos os presbíteros, os religiosos, as congregações femininas, os leigos engajados na comunidade e os estudantes de teologia. O livro intenciona esse objetivo para todos os interessados na administração das paróquias, em âmbito diocesano, e congregações em geral.

A boa administração, na gestão, tem a seguinte função: o registro do patrimônio, com a finalidade de orientar e fornecer informações de extrema necessidade, para que, assim, possa reger um negócio de sucesso, haja vista que, utilizando as ferramentas contábeis, os benefícios são notórios. Como isso, traz paz na vida paroquial, diocesana e religiosa!

Observamos, a cada ano que passa, a necessidade de nos informarmos sobre as questões que envolvem a administração de uma paróquia, por exemplo, a qual necessita e reclama cuidado pastoral; todos imaginam como seja e sabem como é, mas olhá-la de forma a se organizar parece ser uma novidade em termos de administração contábil/paroquial.

As dioceses e as Congregações religiosas, igualmente, queixam-se dessa carência administrativa. Há um desconforto quando as contas não batem com as exigências das normativas da lei contábil. É um capítulo administrativo de urgência na governança da igreja.

Nesse âmbito, o "novo normal" é falar sobre a transparência na administração. A cada dia, é mais clara a necessidade e a razão de se estar diante de um grande desafio. Segundo o núncio apostólico no Brasil, "a transparência é um pré-requisito indispensável para que cada crente seja responsável, seja capaz de prestar contas do uso dos talentos (carismas) recebidos para a evangelização, para o bem da comunidade". Ele defendeu ainda que a transparência e a responsabilidade fazem parte da identidade da Igreja e atingem todos os aspectos da realidade eclesial[1].

Esse trabalho é espinhoso, necessário e de difícil assimilação na Diocese. Os cursos de teologia não contemplam, de forma geral, a questão administrativa do futuro candidato ao ministério presbiteral. Informa-se que está surgindo várias iniciativas com essa preocupação.

Quando padre novo, não tinha essa inquietação e esse cuidado. Administrava-se de forma normal seguindo aqueles protocolos básicos da contabilidade: livro-caixa feito à mão, recibos e notas fiscais eram mínimos e havia pouco cuidado em termos de ordenamento contábil. Não tínhamos muitas leis, fiscalizações e exigências na contabilidade desde que se movimentasse o caixa de acordo com aqueles critérios. Esse procedimento era habitual, isto é, legal. Nada contra aquele tempo!

Na atualidade, não existe outro caminho, senão fazer as coisas certas e de acordo com as leis da contabilidade e as exigências civis a nossa disposição. As instituições religiosas (terceiro setor) também devem apresentar contabilidade, devendo primar pela transparência e pelo princípio da economicidade, pois, na busca de captação de recursos, hoje se quer saber qual é a situação econômico-financeira da instituição.

Apenas registrando alguns números sobre o terceiro setor: "No ano de 2016, eram descritas 400 mil organizações sem fins lucrativos, registradas no Brasil. E, em 2017, esse número saltou

---

[1] Cf. *cnbb.org.br/* acesso em 15.05.2024.

para 820 mil, apresentando assim crescimento considerável. Entre essas, 820mil ONGs 86% referem a associações civis sem fins lucrativos, 12% organizações religiosas e 2% fundações privadas. E, diante tal aumento, observa-se a importância de gerenciamento contábeis, devido à necessidade de demonstrar credibilidade e boa aplicação de recursos financeiros obtidos[2].

Nessas últimas décadas, nada daquilo poderá ser considerado normal. Vivemos um tempo de anormalidade. Exigem-se outros hábitos e costumes para se adequar às normas da atual legislação contábil (p. ex. Lei n. 11.638. Lei n. 11.638, de 28 de dezembro de 2007. Altera e revoga dispositivos da Lei no 6.404, de 15 de dezembro de 1976, e da Lei no 6.385, de 7 de dezembro de 1976. Cf. Conselho Federal de Contabilidade)[3].

A contabilidade vem passando por inúmeras evoluções, consequentes alterações em suas metodologias e seus conceitos. Isso

---

[2] Cf. João Victor Mesquita França, *http://repositorio.aee.edu.br/bitstream/aee.* Acesso em 7.7.2024.

[3] Tecnologia: *A solução para as empresas*. A tecnologia tem se mostrado um verdadeiro remédio para as empresas quando se trata de contabilidade. Ainda mais quando precisamos pensar sobre o futuro da contabilidade. Com os *softwares on-lines*, automação de processos e inteligência artificial, as tarefas rotineiras e repetitivas estão sendo automatizadas, liberando tempo para que os contadores se concentrem em atividades de maior valor agregado. Além disso, a tecnologia está permitindo uma maior integração entre os diferentes setores das empresas, possibilitando uma visão mais holística das finanças e facilitando a comunicação entre os departamentos. Isso torna o processo de contabilidade mais eficiente e preciso, reduzindo erros e minimizando o risco de fraudes. Para os contadores que desejam se manter relevantes no mercado, é essencial abraçar as tendências tecnológicas. Isso inclui estar sempre atualizado com as últimas ferramentas digitais e softwares de contabilidade, bem como desenvolver habilidades em análise de dados e interpretação de informações financeiras. Além disso, é importante entender as necessidades específicas de cada empresa e oferecer soluções personalizadas que agreguem valor ao negócio. Isso pode envolver a implementação de sistemas de gestão financeira integrados, a criação de relatórios financeiros mais detalhados ou o desenvolvimento de estratégias para aperfeiçoar a eficiência operacional. O avanço da tecnologia na contabilidade é uma oportunidade sem precedentes para os profissionais da área. Ao adotar ferramentas digitais e abraçar a automação, os contadores podem transformar sua prática, tornando-se verdadeiros consultores financeiros estratégicos para as empresas. Essa mudança de paradigma não apenas aumenta a eficiência dos processos contábeis, como também permite que os contadores forneçam insights valiosos que impulsionam o crescimento e a inovação (Fernanda Gütschow, COPYRIGHT © 2023 | BHUB. Acesso em 10.5.2024).

para melhor se adequar às necessidades da sociedade de cada época. Com os avanços técnico-científicos, houve modernização e padronização dos sistemas contábeis, e as exigências quanto aos registros também aumentaram consideravelmente.

Isaque Elias Silva Costa nos lembra que "a contabilidade em si nos traz um amplo conhecimento do mercado consumidor, das realidades apresentadas dentro das empresas e, principalmente, um retrato detalhado de tudo o que se faz para que seja possível chegar ao resultado esperado"[4].

Uma boa administração não se isenta do cuidado com as finanças da comunidade e com o trabalho envolvendo os leigos nas pastorais e no governo da paróquia. Entende-se que a paróquia necessita de gestão para ser administrada. Não somente o cuidado pastoral se faz necessário, mas também o cuidado com os bens da comunidade paroquial. Decerto, é um modo novo de se olhar a gestão da paróquia e das demais instâncias da igreja diocesana e congregacional.

> A contabilidade é o grande instrumento que auxilia a administração a tomar decisões. Na verdade, ela coleta todos os dados econômicos, mensurando-os monetariamente, registrando-os e sumarizando-os em forma de relatórios ou de comunicados, que contribuem sobremaneira para a tomada de decisões (José Carlos Marion).

Sem delongas voltamos à atenção para os padres das paróquias, as religiosas, os leigos e estudantes de filosofia e de teologia no requisito de formação pastoral na ação.

O livro é uma motivação e um alerta para se cuidar dos bens móveis e imóveis da igreja (ativo, passivo e patrimônio líquido), como nos requer o Direito Canônico (cf. livro V – *Dos bens temporais da Igreja* – Cân. 1254 § 1. A Igreja católica, por direito originário, independentemente da autoridade civil, pode adquirir,

4 *toledoprudente.edu.br/blog-de-ciencias-contabeis*. Acesso em 26.06.2024.

possuir, administrar e alienar bens temporais, para a consecução de seus fins próprios).

Precisamos de bons e piedosos religiosos que rezem e tenham vida de santidade, mas também carecemos de bons gestores que administrem os bens da Igreja como se fossem seus. Estes foram conquistados com o sacrifício dos fiéis ou com as generosas doações do povo de Deus ao longo dos anos e séculos.

Olhamos com atenção e escrevemos aos conselhos para assuntos econômicos das paróquias e dioceses (CAEP). Eles fazem, junto aos párocos, a diferença na administração. Não há como caminhar sozinho e se isolar desses atributos na caminhada paroquial. Estamos para somar forças nessa empreitada de administrar "as riquezas de Cristo Jesus" (cf. Lc 16,1-13).

Que são Mateus, padroeiro dos contabilistas, interceda por todos os gestores paroquiais, diocesanos, institutos, todas as congregações religiosas e casas de vida consagrada e acolhimento...

INTERESSE PELO LIVRO

> Daremos um testemunho porque, quando temos uma gestão organizada, nós sinalizamos para a prática da coerência com a Palavra de Deus. Assim daremos suporte à missão pastoral e ao anúncio da Boa-Nova, reforçou Mons. Nereudo, ecônomo da CNBB.

Nosso livro não será sobre técnicas de contabilidade, mas uma reflexão sobre a necessidade de se administrarem, com aquela equidade obediencial própria, as leis que regem a administração no país.

O tema sobre a gestão me toca profundamente e me faz muito bem falar, escrever e administrar em base essa informação. "Administrar é, essencialmente, organizar". "Administrar é, também, prover[5]."

A preocupação sobre a gestão e os temas transversais à administração têm entrado muito recentemente na organização da igreja diocesana e paroquial na maioria das dioceses brasileiras.

"A gestão eclesial paroquial, participativa e processual planeja que a ação missionária seja o paradigma de toda obra da

---

[5] Neste livro tratarei da gestão-contabilidade nas duas dimensões: Diocese e Paróquias, por vezes, não levando em consideração as realidades distintas, mas distribuindo os dois fatores na mesma linha de reflexão. Na realidade são dois mundos distintos. Estamos, apenas, indicando caminhos de gestão tendo em vista o bem dos fiéis católicos presentes na Diocese. Nosso interesse está em vista dos párocos e seminaristas do curso de teologia (Cf. *Manual de procedimentos administrativos*, edição CNBB, 2010, p. 13). Considero outra instância administrativa como os ecônomos presentes em mosteiros, congregações religiosas etc. O espectro é grande e diverso no que toca à administração.

Igreja, passando de uma pastoral de mera conservação para uma pastoral decididamente missionária. O resultado e o caminho da gestão eclesial paroquial são o próprio processo desencadeado na Igreja local, em uma construção coletiva da vocação batismal, com funções diferentes no exercício dos ministérios"[6].

Podemos, ainda, admitir a "tecnofobia", ou seja, o medo da tecnologia, que leva as pessoas a rejeitá-la e a qual está presente em quase todas as instâncias religiosas espalhadas pelo Brasil a fora. Não é fácil lidar com a tecnologia que nos é apresentada para movimentar nossas secretarias paroquiais.

Nós trabalhamos com duas frentes: a tecnológica e a dignidade do secretário (ecônomo podendo se tratar de leigo/a ou religioso/a). "Investir recursos e energia e, ao mesmo tempo, restaurar a dignidade de certos trabalhos que são pouco reconhecidos" (Papa Francisco). Investimos na formação tecnológica dos secretários e, em momentos de encontros, na espiritualidade e no lazer.

De certo, a proposta do tema – sobre tecnologia – existe por muitos anos, mas, nessas duas décadas, tem-se tornado uma pauta na reflexão e nas reuniões de interessados na administração da igreja paroquial e, mesmo, da diocesana. Foram aparecendo, pelo tempo, expressões como: inovação, empreendedorismo, governança, *marketing* etc. que contribuíram bastante para o enriquecimento da administração direcionada às coisas paroquiais e que nos auxiliam a planejar, acompanhar, aperfeiçoar e ajustar projetos comuns na rotina de um gestor de paróquia.

---

[6] Antônio Dall'ó, *gestão eclesial paroquial à luz do conceito de igreja em saída*. Porto Alegre, 2020. PUCRS. Dissertação de mestrado, 124 páginas. "A gestão eclesial paroquial, participativa e processual planeja que a ação missionária seja o paradigma de toda obra da Igreja, passando de uma pastoral de mera conservação para uma pastoral decididamente missionária" (*in* resumo). Afonso Murad, *Gestão e Espiritualidade*, Editora Paulinas, 252 páginas, 1ª edição 2012. O autor tenta, nessa obra, abordar, de um modo geral, os temas básicos com vistas a superar a barreira existente entre gestão e espiritualidade, abrir uma porta, como se diz, que permita um desenvolvimento harmonioso das duas capacidades e exigências que se requerem do gestor cristão.

A Igreja, na maioria das partes do Brasil, vivia o sonho de Jesus que era evangelizar. Estava correta, mas as leis foram apertando o gargalo de suas implicâncias junto à noção de governança. Apareceram as obrigações das leis trabalhistas e contábeis que foram exigindo da Igreja certo profissionalismo na questão da sustentação de funcionários e envolvidos na gestão.

Agora sabemos que a questão não era somente rezar, mas também agir, cuidar e administrar. Outros fatores, como o da formação de líderes capazes, nesse cenário, estão muito mais atrelados a trazer recursos necessários para o aperfeiçoamento da equipe, como: treinamento, incentivo, promoção de mudança e de diálogo são imprescindíveis.

Estamos percebendo a necessidade da formação para os futuros padres, seminaristas que chegam ao ministério com pouca informação na área administrativa e contábil e, despreparados, acabam assumindo uma paróquia sem aquele cuidado de pastor que deve cuidar de tudo e de todos.

Nesse mesmo viés, realizou-se em Brasília, no início de maio (de 14 a 16 de maio de 2024), o primeiro seminário para ecônomos, promovido pela CNBB, com o tema: “A gestão no magistério: o ofício do ecônomo na construção de uma igreja credível e sustentável”.

A administração da paróquia, da congregação, da escola católica, das casas de vida apostólicas exige cuidados na contabilidade, na transparência e na organização do conselho de finanças da entidade. Contabilidade é um dos aspectos mais importantes para quem vai iniciar o paroquiato ou está dando seus primeiros passos no empreendedorismo (entendido como administração paroquial no início do ministério).

Peter Drucker costumava dizer que continuar fazendo a mesma coisa é mais arriscado que buscar mudanças. Segundo ele, o objetivo primordial da gestão é a inovação, que envolve: ter novas ideias, combinar novas e velhas ideias e adaptar ideias de outros campos à área em questão. Se você prestar atenção, verá essas ideias em qualquer curso e explicação sobre criatividade.

> Qualquer organização, seja ela lucrativa ou não, só realizará sua missão se colocar em prática os princípios da gestão; e a gestão eficaz moderna exige lideranças capazes, alinhamento com os valores da instituição e a maior participação possível de seus membros e colaboradores (Murad, A., p. 72).

Quando nomeado e empossado para uma paróquia, o pastor se vê diante de uma encruzilhada. Não basta celebrar uma bela missa, falar belos e envolventes sermões, fazer aqueles encontros animados e promover a pastoral de forma coerente, pois é preciso também se preocupar em pagar as contas e acertar a contabilidade do início do mês, dar conta de pagar os funcionários, as dívidas de forma correta e eficaz, como exige a lei, a ética.

O pastor terá de aprender a sensibilidade na administração. As contas chegam e os boletos aparecem de forma a preocupar aqueles mais acomodados às situações. A paróquia atual exige mais credibilidade, coerência e gestão eficiente.

Diante desses apelos, principiei, desde setembro de 2023, um trabalho de economato em minha diocese. Fui indicado com o cuidado de não dizer “não”! Senti-me pequeno diante da grande responsabilidade. Não é cômodo cuidar da administração diocesana com seus desafios diante dos párocos e das paróquias.

Na maioria das vezes, dá-se a impressão de que o ecônomo é uma espécie de vigia/investigador da conta paroquial naquilo que tange à administração; ele está para auxiliar o bispo na administração diocesana. As provocações são enormes, e a necessidade de acertar o passo é desafiador. O ecônomo lida com uma série de situações desagradáveis, que precisam ser encaminhadas e acertadas para o bem da diocese.

As paróquias necessitam de um grande acerto naquilo que compete ao pároco executar a bom tempo. Não é tranquilo. Incomoda a necessidade de constantes cobranças para acertar a contabilidade da diocese. É uma tarefa interminável. É um mês atrás do outro em busca de soluções plausíveis.

Peter Drucker dizia que, “quando você vê um negócio bem-sucedido, é porque alguém, algum dia, tomou uma decisão corajosa”. Ele falava muito sobre coragem. Não ter medo de fazer mudanças era um dos princípios que alegava que todo gestor e profissional precisavam ter.

O cuidado com a contabilidade, por exemplo, dá segurança ao pároco e cria um ambiente de profunda comunhão entre os membros administradores da comunidade, qual sejam os conselhos de pastorais. “A gestão eclesial paroquial, participativa e processual, planeja que a ação missionária seja o paradigma de toda obra da Igreja, passando de uma pastoral de mera conservação para uma pastoral decididamente missionária” (Antônio Dall’ó).

Baseando-me nessas dificuldades e no sucesso no trabalho de gestão, decidi escrever este livro para auxiliar aqueles párocos, estudantes de teologia, irmãos religiosos das congregações, leigos desejosos de colaborar com a manutenção – economato – da vida paroquial e todos os agentes de pastorais para entenderem a dinâmica da vida paroquial e diocesana.

Aqui nos interessamos e falamos em conselho para assuntos econômicos e administrativos da paróquia (CAEP). “Ele pretende ser o verdadeiro elo por meio do qual se efetiva a corresponsabilidade, a coparticipação dos fiéis cristãos na administração dos bens temporais da paróquia” (Regimento do conselho econômico da diocese de Presidente Prudente).

Nosso livro não é sobre “técnica da administração”, nem um manual ou curso de orientação, mas um convite pastoral a organizar o espaço religioso como dependente de um economato adequado às leis da administração e cuja transparência seja efetiva como nos tem alertado inúmeras vezes o papa Francisco. Segundo o núncio apostólico no Brasil, "a transparência é um pré-requisito indispensável para que cada crente seja responsável, seja capaz de prestar contas do uso dos talentos (carismas) recebidos para a evangelização, para o bem da comunidade"[7].

Desejo que o livro seja um incentivo pastoral a todos os gestores eclesiais e que, ao cruzar as contas, elas estejam, sempre, em azul...

> "A gestão de pessoas é a arte de fazer com que as pessoas entreguem o seu melhor para alcançar os objetivos da organização" (Idalberto Chiavenato).

---

[7] Seminário de ecônomos, 14 de maio de 2024.

1. O QUE É GESTÃO ECLESIAL?

De forma resumida, é a prática sistematizada usada para administrar. É uma resposta à gestão de pessoas. Uma igreja que deseja crescer e somar forças tem necessidade de gestão. Não há como ser e fazer diferente. A gestão se utiliza para "fixar as metas a alcançar, por meio do planejamento, analisar, conhecer e solucionar os problemas a enfrentar, organizar recursos financeiros, tecnológicos, ser um comunicador, um líder, ao dirigir e motivar as pessoas, tomar decisões precisas e avaliar, controlar o conjunto todo" (*www.significados.com.br/gestao*).

Veja quantas coisas podemos fazer e ativar por meio da gestão na administração dos bens da Igreja. Gestão é um assunto que está ligado diretamente com o cotidiano de todas as pessoas. A secretaria vive do suor da gestão. Cada decisão que tomamos representa uma forma de gerenciar nossa vida e comunidade paroquial.

"Gestão é a ação de gerir, administrar, dirigir ou gerenciar uma atividade, um negócio ou uma empresa. É o ato ou efeito de gerir algo, fazendo com que caminhe bem, produza resultados, criando e nutrindo uma rede de relações" (Antônio Dall`ó) e "não basta lamentar o que ainda não foi feito, mas estar decidido em aceitar e implantar o que deve ser feito" (*Manual* da CNBB, p. 17).

Segundo o dicionário financeiro, "gestão é uma área das ciências humanas que se dedica à administração de empresas e de outras instituições visando fazer com que alcancem seus objetivos de forma efetiva, eficaz e eficiente"[8].

---

[8] *https://www.dicionariofinanceiro.com/gestao/*. Acesso em 27.06.2024.

A importância da gestão possui ligação direta com a administração dos recursos disponíveis na organização. Esses recursos podem ser tanto materiais e financeiros como humanos, tecnológicos ou de informação. Toda instituição religiosa tem seus recursos que, bem administrados, poderão ser uma alavanca importante para o gerenciamento da comunidade evitando-se aqueles atropelos e dores de cabeça.

De modo enfático, uma boa gestão financeira está por trás de toda instituição religiosa (paróquia) de sucesso (muitos não gostam dessa expressão). A gestão é o coração de um negócio (igreja), por isso deve ser conduzida com inteligência. Em sua instituição religiosa (organização paroquial), o gerenciamento financeiro é realmente eficiente?

Manter as finanças da paróquia em dia é essencial para que as atividades fluam e possam respirar um ar de alívio. Afinal, nada melhor para a saúde do negócio do que chegar ao fim do mês com um bom faturamento e as contas no verde (com crédito). Essa responsabilidade, que passa por todo o setor financeiro, é enorme e indicamos, inicialmente, alguns caminhos de organização: cuidar da entrada de caixa, pagar contas, de forma estratégica, identificar gastos desnecessários e encontrar soluções viáveis para eliminá-los. Em resumo, gestão financeira é o conjunto de processos, métodos e ações que permitem a uma paróquia/diocese controlar, analisar e planejar suas atividades financeiras.

A evolução da tecnologia e a industrialização deram um novo impulso na administração. Surgiram alguns nomes de interesse universal, como o de Peter Drucker, a se interessar por essa organização. O *empoderamento* do mercado de consumo e a valorização dos trabalhadores dentro das organizações fizeram com que o conhecimento sobre gestão migrasse das mãos dos gestores para o trabalhador comum. Afinal, o mundo descobriu, definitivamente, o poder da gestão. Hoje, não há como trabalhar sem essa metodologia (entendimento como ferramenta de trabalho na pastoral). Todo comerciante, bem instruído, não fica receoso em dizer que é um "bom gestor".

Diante da crise no comércio, a gestão poderá fazer a diferença. O papel do gestor, cuja função é liderar equipes e tomar as decisões estratégicas necessárias para atingir os objetivos da organização para a qual trabalha, é decisivo[9].

Uma instituição religiosa ou paróquia, sem gestão, é como um barco sem leme: ainda que ele já esteja no meio do oceano, nada impede que afunde a qualquer momento ou que seja levado pela maré de volta para o local de onde saiu. Infelizmente, existem inúmeros espaços religiosos nesse barco de desorganização/desalinhamento.

Dando mais um passo, no conjunto de princípios relacionados com as funções de planejar, organizar, dirigir e controlar uma paróquia, uma instituição religiosa ou diocese precisa instruir-se na metodologia na ação.

Convencionou-se, a partir disso, usar a expressão *Terceira Onda* (Alvin Tofler) e *Quarta Onda*... A terceira onda penetra fundo nas transformações violentas em que se debate o mundo de hoje, ao mesmo tempo em que desseca a realidade na qual se vive. Como a Revolução Tecnológica está transformando a sociedade, a Igreja se vê obrigada a se modernizar, adaptando-se a ela. E, embora existam determinadas resistências, acabaremos vencidos e convencidos por ela.

Para esclarecer as três revoluções: a agrícola, a industrial e a terceira onda, a tecnologia da informação e a internet mudaram, fundamentalmente, a maneira de viver e o modo de trabalhar das pessoas. Mesmo a igreja sentiu o impacto dessa modernização e entrou na onda da inovação. De certo será um caminho sem volta,

---

9 *https://www.portalinsights.com.br/p.* Acesso em 26.06.2024.

restando apenas continuar caminhando e se adaptando aos novos tempos de transformação tecnológica.

A quarta onda vai tratar dos novos rumos da sociedade da informação. Estamos em pleno andamento com a tecnologia a nosso favor no sentido de ampliar nossas condições de atendimento à gestão. Os horizontes se abrem de forma a contemplar um novo tempo para a administração eclesial. Haja vista os inúmeros aplicativos, *softwares* disponíveis para auxiliar a gestão paroquial.

As inovações tecnológicas foram forçando as indústrias a se adaptarem à modernidade. Nos idos anos 90, dedicávamos, com afinco, à necessidade de "Qualidade Total" como imperativo de organização. Falava-se pouco sobre gestão e mais sobre a qualidade dos serviços da igreja. Esses caminhos foram nos dando o alicerce de sustentação para o aprimoramento do que viria no século XXI.

Começou-se a falar, de forma bastante intensa, sobre a "pastoral da acolhida" como sinônimo de gestão comunitária do bom atendimento àqueles que se aproximassem da comunidade, incluindo as diretrizes da igreja (cf. Doc. 71. "Toda pessoa que procura a igreja deve ser acolhida com simpatia" - n. 34), atentaram-se a esse modelo e à carência de atendimento na comunidade paroquial[10].

Considerando as novas visões sobre a gestão, podemos estar cientes de que, mesmo assim, encontramos muitas dificuldades em nossas paróquias quanto à gestão. De certo, mereceria mais atenção, cuidado e zelo pastoral. Aliada a esses feitios, encontramos a necessidade de pessoas que fizessem a experiência na administração (p. ex.: pode-se imaginar a situação da secretaria paroquial).

---

[10] Gasques, J., *Pastoral da Acolhida* – rumo ao novo milênio, Editora Vozes; *Diaconia do acolhimento*, Paulus Editora; *No Último Banco*, Edições Loyola. Esses foram meus três livros dedicados ao tema em alta na década de 90 e 2000. Depois apareceu a expressão "pastoral da visitação" (cf. *diocesedecolatina.org.br/pastoral-da-acolhida-e-da-visitacao*).

Pelo que temos constatado, haverá a necessidade de certo "time" na administração, e não é muito ordinário encontrar pessoas para esse trabalho. Administrar é difícil para aqueles que não se propõem fazer esse exercício financeiro e contábil. "A contabilidade é o idioma dos negócios."

A contabilidade exige disciplina e organização. Qualquer desleixo na planilha de informação poderá incorrer em um desregramento. Nisso, começa-se a atrasar a documentação, e as informações ficam distantes da realidade; um negócio malfeito acarretará muita dor de cabeça ao contador e ao gestor.

Sem delongas, as dioceses, os institutos religiosos, as escolas católicas, os hospitais e as paróquias "necessitam de um clero que seja, além de bons pastores, excelentes gestores em todas as áreas". Não é fácil encontrar esse pastor e essa religiosa gabaritada para esse serviço. A preparação carece de um longo aprendizado, pois demanda tempo, estudo e experiência pastoral na administração.

A "chave" para o sucesso de uma paróquia será a organização, em todos os aspectos, inclusive o espiritual. A organização traz segurança ao pastor, e o trabalho pastoral se desenvolve com mais tranquilidade e garantia.

Os padres que lidam com paróquias, por vezes distantes e com várias comunidades, devem ficar mais atentos ao conselho gestor das finanças e ser aberto às novidades do mercado financeiro e contábil. A paróquia não será melhor por rezar mais e ter muitos momentos de espiritualidade, mas por ser aquela que entendeu a lógica da gestão.

Hoje, o estoque documental é grande. Como não se pode descuidar das notas fiscais, pois elas são prioritárias para a contabilidade e transparência, todos estão exigindo isso dos párocos e gestores paroquiais.

A estratégia da cadeia de abastecimento das notas fiscais, ao escritório contábil, é de importância inquestionável. Foi-se aquele tempo dos recibos para as despesas pagas aos colaboradores da comunidade. Nem se imagina, jamais, tal condição!

A burocracia contábil é uma tarefa interminável e cansativa. A contabilidade não dá tréguas; é um mês seguido do outro. Por isso cansa, mas é o caminho da riqueza material e da construção da ponte do sucesso, que será alcançado se a documentação estiver em dia com os deveres éticos do bom administrador. A boa administração impactará resultados a longo tempo.

No trato com a gestão e transparência não se deve, jamais, deixar para amanhã o que se deve fazer, hoje! A gestão não admite demora, atraso, dúvida e preguiça contábil. Tudo deverá ser executado no tempo certo para que os recursos disponíveis não se atrasem, lembrando que os dias "fatais" são: 5, 10 e 15 de cada mês, para aqueles que lidam com cartão de crédito, pagamento/ressarcimento à cúria e envio de documentos fiscais ao escritório contábil.

O escritório contábil se abastece de duas informações: o fluxo documental de informação, fornecido pelo interessado, e do produto financeiro, que são as matérias-primas da logística confiável na gestão. Essa fórmula induz a gestão financeira com uma das principais preocupações que um empreendedor deve ter para garantir o sucesso de seu negócio a longo prazo.

A má administração de recursos pode apresentar sérias consequências para a saúde paroquial, para a diocese, para a congregação religiosa, como dívidas, muitos juros, maus investimentos, estagnação dos resultados e, no pior dos casos, até mesmo falência (nesse caso existem as transferências dos padres de paróquias, das religiosas, mas muitos continuarão com a prática irregular da gestão).

Por outro lado, uma boa gestão do capital financeiro da comunidade permite um planejamento muito mais preciso dos gastos e investimentos, possibilitando a redução de custos desnecessários e a correta alocação de recursos. Esse é o caminho ideal para todo gestor paroquial. O zelo contábil traz contentamento!

Sem demora, um conselho pastoral: uma boa gestão financeira começa com a elaboração de um planejamento estratégico, definindo as metas da paróquia e os recursos necessários para atingi-las. Acontece que alguns padres têm muita pressa e se perdem na administração. Nesse caso, duas atitudes são indispensáveis ou evitáveis: pressa e pressão na administração. Elas não combinam com o clima organizacional; os funcionários necessitam de interação e de satisfação no ambiente de trabalho eclesial.

Para isso, é preciso conhecer bem todos os processos e todas as áreas de potencial da paróquia, assim como as despesas fixas e variáveis de cada comunidade. Sem essas duas visualizações de despesas, não há como administrar com sucesso. O correto é trabalhar com planilha atualizada e cruzável com as entradas e saídas.

De fato, "manter a contabilidade em dia é crucial para o sucesso e a sustentabilidade de qualquer empresa (*igreja*). Além de garantir a segurança jurídica, evitando possíveis problemas legais, permite uma gestão financeira eficiente e ajuda os gestores a tomarem decisões estratégicas bem embasadas"[11].

Existem párocos reformando secretarias, dando destaque aos *designers* modernos e se esquecendo do acolhimento contábil como vital para a saúde paroquial. A necessidade de uma "catequese de contabilidade" se faz urgente para os agentes de pastorais. Para qualquer encontro de pastoral exige-se um mínimo de contabilidade para que tudo dê certo!

[11] *https://sebrae.com.br/sites/* acesso em 16.5.2024.

Sem a necessidade de se encerrar o assunto, podemos informar sobre duas ferramentas de gestão eficientes: *feedback* e *feedforward*, as quais muitos líderes utilizam de forma errada. De maneira simples, o *feedback* (informação) refere-se ao fato que aconteceu recentemente e que deve ser pontuado para melhorias; é um processo inevitável. Essa palavra vem do inglês e representa a junção de *feed* (alimentar) e *back* (de volta), que pode ser traduzida como "retroalimentar", isto é, fornecer informações. Quando se usa esse instrumento de avaliação, tudo, certamente, tem a chance de dar certo.

Já o *feedforward* é um direcionamento futuro para desenvolver e melhorar as competências. Traduzido do inglês, significa "olhar para frente" ou "olhar adiante naquilo que importa". É prospectivo significando que devemos, sempre, olhar para frente visando ao futuro. O conceito foi desenvolvido por Marshall Goldsmith, um dos principais pensadores da metodologia *coaching*.

Uma boa leitura para todos os interessados na gestão e divulguem-na leitura para que outros se sintam contemplados.

2. CONHECENDO A IGREJA

A missão da Igreja, decerto, será a de evangelizar!

> Naquele tempo, Jesus se manifestou aos onze discípulos, e disse-lhes: "Ide pelo mundo inteiro e anunciai o Evangelho a toda criatura". Depois de falar com os discípulos, o Senhor Jesus foi levado ao céu e sentou-se à direita de Deus. Os discípulos, então, saíram e pregaram por toda a parte. O Senhor os ajudava e confirmava sua palavra por meio dos sinais que a acompanhavam (Mt 16,15.19-20).

O Catecismo da Igreja assim a instrui (n. 777): "A palavra 'Igreja' significa 'convocação'. Designa a assembleia daqueles que a Palavra de Deus convoca para formarem o povo de Deus, e que, alimentados pelo Corpo de Cristo, tornam-se corpo de Cristo".

Prossegue (n. 778): "A Igreja é, ao mesmo tempo, caminho e meta do desígnio de Deus: prefigurada na criação, preparada na antiga Aliança, fundada pelas palavras e pelos atos de Jesus Cristo, realizada por sua cruz redentora e por sua ressurreição, é manifestada como mistério de salvação pela efusão do Espírito Santo. Será consumada na glória do céu como assembleia de todos os resgatados da terra".

Resume (n. 779): "A Igreja é, ao mesmo tempo, visível e espiritual, sociedade hierárquica e Corpo Místico de Cristo. Ela é una, formada de um elemento humano e um elemento divino. Somente a fé pode acolher esse mistério".

E (n. 780): "A Igreja é, no mundo presente, o sacramento da salvação, o sinal e o instrumento da comunhão de Deus e dos homens". Outras questões presentes no Catecismo da Igreja Católica falam da Igreja como assembleia, povo que Deus reúne no mundo inteiro.

Por que ela nasceu? Quem a fundou? Quem são seus sucessores? E sua missão? Qual é a identidade dos cristãos? O Direito Canônico a instrui dizendo: "A Igreja Católica e a Sé Apostólica têm a natureza de pessoa moral por própria ordenação divina" (Cân. 113-§1). É uma sociedade com sua própria missão e seu próprio governo (cf. Cân. 204-§2). São aqueles que estão em plena comunhão a Igreja (Cân. 205) etc.

Os primeiros convocados a abraçarem essas transformações são, justamente, os gestores cristãos que trazem consigo a missão de governar, ensinar e pastorear e que carregam uma bagagem de experiência profunda no tocante à espiritualidade e formação religiosa adquirida durante anos de vida no seminário ou no instituto religioso.

A Igreja católica é formada pela diocese "como aquela porção do povo de Deus confiada a um bispo" (cf. Cân. 369) e distribuída pelas paróquias e comunidades que se estendem à medida das necessidades e dinâmica de pastoral. Tem uma nota de distinção – "A santidade é o rosto mais belo da Igreja' (Papa Francisco – *Gaudete et Exsultate*, 9) – e santos de todas as idades, condições e classes sociais, a nos ensinar que qualquer um, de qualquer posição ou profissão, pode vir a ser santo. São os modelos de cristãos.

Na prática, é bem diferente daquela dos livros de teologia, que é linda e necessária para o enriquecimento da compreensão em eclesiologia. Depois de ordenado e ter assumido uma paróquia, o padre se depara com uma realidade jamais observada no curso de teologia. Esse é um primeiro aspecto.

O segundo é mais complexo, insistente e oportuno: fazer gestão; administrar a paróquia. Nem sempre a formação seminarística dá as informações essenciais para a gestão depois de ordenado. O padre assume uma paróquia com seus desafios pastorais, administrativos e, somente depois, descobre a dificuldade de governá-la.

No início de ministério, o padre se encanta com a missão, com as pessoas, com a liturgia, com a admiração do povo etc. Passados aqueles primeiros meses de empolgação, vai observando outros detalhes que devem ser administrados e cuidados [principalmente se forem cobrados alguns deveres essenciais na administração].

O padre recém-ordenado descobre que terá mais um ofício: administrar a vida paroquial; lidar com as finanças; pagar as contas; "pedir" dinheiro à comunidade e falar do dízimo, de promoções para manter a paróquia. Alguns entram em crise de identidade!

Nesse momento entra a dinâmica da comunicação e abertura à administração. Surge a necessidade de uma nova aprendizagem. Descobre-se que a questão não é somente celebrar a missa, os sacramentos, movimentar e animar as pastorais e reunir o povo. Há a necessidade de se pagar as contas e administrar com equidade.

A diocese começa a fazer, obrigatoriamente, algumas cobranças. Aparecem os boletins da cúria, o pagamento dos funcionários, a necessidade de um escritório de contabilidade, o cuidado com as notas fiscais, a prestação de contas para a comunidade paroquial etc.

Se o pároco não for alguém aberto, ao encontro com o povo, com as lideranças e a formação do conselho econômico, ficará para trás, acuado e sem saída. O isolamento é o pior dos caminhos. O caminho será, sempre, o da unidade, do diálogo e da abertura. A comunhão e abertura pastoral faz do gestor-padre um aliado à transparência na administração.

Enfim, temos a referência do papa Francisco ao propor e fazer as mudanças na administração da Cúria Romana, a começar pelas finanças do banco do Vaticano, criando uma comissão para estudar sua estrutura. Como parte da reforma da Cúria, ele criou um novo departamento, chamado Secretaria de Economia, especificamente para trazer transparência às finanças da Igreja (cf. *fasbam.edu.br*).

Na mensagem ao simpósio internacional sobre gestão dos bens eclesiásticos, disse: "É necessário vigiar atentamente a fim de que os bens dos Institutos sejam administrados com prudência e transparência, tutelados e preservados, vinculando a dimensão carismático-espiritual prioritária à dimensão econômica e à eficiência, que tem seu próprio *húmus* na tradição administrativa dos Institutos, que não tolera desperdícios e está atenta ao bom uso dos próprios recursos (*Mensagem do papa Francisco, 8 de março de 2014*).

2.1. A diocese

Rufino, século XII, por volta de 1164, define: *Diocesis*, em grego, diz-se "governo" em latim. Entende-se que, no modelo da família que é governada por um único dirigente, o governo da diocese é feito por um único pastor. "Diocese" compreende também o território de toda a igreja batismal.

O Cânone 369, Livro II, Parte II, Capítulo I, "Das Igrejas Particulares", in: Código de Direito Canônico, promulgado por S.S. João Paulo II. Define:

> A diocese é a porção do povo de Deus que é confiada ao Bispo para ser apascentada com a cooperação do presbitério, de tal modo que, aderindo a seu pastor e por este congregada no Espírito Santo, mediante o Evangelho e a Eucaristia, constitua a Igreja particular, onde, verdadei-

> ramente, se encontra e atua a Igreja de Cristo una, santa, católica e apostólica.

De acordo com o documento da CNBB: "Ao ser criada uma nova paróquia na diocese, não se produz uma divisão ou repartição da Igreja, mas se estabelece uma nova presença da Igreja numa nova paróquia. A diocese, por sua vez, também vive em comunhão com todas as demais dioceses que são presididas na caridade pelo bispo de Roma, o Papa" (n.158)[12].

A partir dessa perspectiva, a diocese é entendida como lugar da comunhão testemunhada na ação evangelizadora ou pastoral, que se expressa na missão da Igreja enquanto comunidade de fé, culto e caridade.

Diocese é uma palavra derivada do latim "dioecesis", que significa "administração" ou "governo". É um termo usado para denominar uma circunscrição territorial que é governada por um bispo ou arcebispo da Igreja católica, responsável por liderar e orientar a comunidade de fiéis cristãos em determinada região. A diocese é uma estrutura fundamental da organização da Igreja católica, ou seja, é o espaço geográfico onde reside um bispo, para o governo daquele povo católico, composto de inúmeras paróquias com párocos, vigários, diáconos, religiosos, outras comunidades religiosas e o povo em geral.

A paróquia, por sua vez, é uma parte da diocese, uma célula viva. Assim, a concepção de diocese inclui, ao mesmo tempo, a função episcopal, a reunião dos fiéis e uma delimitação espacial/

---

12 Documentos da CNBB – 100. *Comunidades de Comunidades:* uma nova paróquia. 52ª assembleia geral, Aparecida–SP, 30 de abril a 9 de maio de 2014. Paulinas, 1ª edição. Dom Edson Oriolo, *Cúria Diocesana* – gestão organizacional, Paulus Editora, 2022, 133 páginas. "Para melhor organizar, estão alterando pessoas, recursos, metas, comando, focos, processo, logística, sistema de recompensa, uso de consultoria, estrutura, custos etc." (p. 11).

territorial. Mas essa definição – que é também jurídica – não existiu desde o surgimento do cristianismo, permanecendo imutável ao longo do tempo. Ela foi lentamente constituída, adaptada, transformada e pensada[13].

O Cân. 515 assim descreve: "§ 1. Paróquia é certa comunidade de fiéis, constituída estavelmente na Igreja particular, cuja cura pastoral, sob a autoridade do Bispo diocesano, está confiada ao pároco, como a seu pastor próprio".

O documento da Igreja entende que a paróquia, como "comunidade de comunidades, e cada um dos fiéis estão em profunda comunhão com a realidade além da visibilidade. A comunhão da Igreja supera a unidade sociológica ou a harmonia psicológica. É uma comunhão no mistério da comunhão dos santos: a Igreja que está nos céus, os remidos em Cristo, com aqueles que estão se purificando no purgatório e com os que são discípulos de Jesus que peregrinam na terra. Essa comunhão se reflete nas dioceses com suas paróquias..." (Doc. 100, n. 159)[14].

A diocese tem uma estrutura administrativa, a *Cúria Diocesana*, que congrega todas as forças religiosas e econômicas daquela porção do povo de Deus. Tratamos dessa organização como fundamental para manter todo o seu aparato: seminário, estrutura física, funcionários, patrimônio etc. Todo esse trabalho é monitorado pela contabilidade, por gestores, assessores de pastorais,

---

[13] Carolina Gual da Silva, "A invenção da diocese e a definição da jurisdição episcopal: o caso dos dízimos (séculos XII-XIII)". Universidade Estadual de Campinas (UNICAMP). In: *Veredas da História*, [*on-line*], v. 10, n. 2, p. 94-109, dez., 2017. O artigo instrui a diocese enquanto território e enquanto jurisdição a partir das discussões propostas pelos canonistas dos séculos XII e XIII. Nesse específico tratará da questão do dízimo e que não será nosso ponto de intercepção. Lorscheider, A., *Identidade e espiritualidade do padre diocesano*, Editora Vozes, 3ª. Edição 2007, 110 páginas. "A diocese ou igreja particular e o bispo", p. 30-42.

[14] O Documento da CNBB, 100, define a paróquia. Aos que desejarem observar e estudar seu conteúdo, ler os números 161-167; comunhão dos fiéis (n. 168-173); território paroquial (n. 174-176). Nele também aparecem três expressões: casa da Palavra (n. 179-180), casa do pão (n. 181-182) e casa da caridade (n. 183-184).

tribunal eclesiástico e um ecônomo para auxiliar o bispo na administração burocrática[15].

Resumidamente, uma diocese é um distrito, cuja administração eclesiástica está a cargo de um bispo (cf. Cân. 375-380). Esse prelado é responsável por dirigir/governar todas as paróquias que fazem parte de sua diocese. Várias dioceses, por sua vez, podem ser agrupadas em províncias eclesiásticas.

De acordo com as informações sistematizadas pela Conferência Nacional dos Bispos do Brasil (CNBB), as circunscrições eclesiásticas estão divididas assim: 217 são dioceses, 45 arquidioceses, 8 prelazias, 3 eparquias, 1 exarcado, 1 rito próprio, 1 ordinariado militar, 1 administração apostólica pessoal e 1 arquieparquia. Cada uma delas conta com um bispo eleito pelo Papa para administrar o governo pastoral. O bispo se torna emérito ao completar 75 anos, e o pedido de renúncia é feito ao santo Padre (Cân. 401). O portal da CNBB divulgou os dados atualizados do episcopado no Brasil, que, atualmente, é formado por 317 na ativa e 161 eméritos, totalizando 478 bispos. A Igreja no Brasil possui 278 circunscrições eclesiásticas, ou seja, territórios ou "Igrejas Particulares" confiadas aos cuidados de um bispo[16].

2.2. A cúria diocesana

Depois da descrição jurídica sobre a diocese, fica a questão-resumida sobre a "cúria diocesana" como lugar físico onde se dá

---

[15] Dom Edson Oriolo, *Cúria Diocesana* – gestão organizacional, Paulus Editora, 2022, 133 páginas. Nas páginas 17-24 tratam dessas questões em sua contextualização histórica.

[16] Fonte: CNBB, acesso em março de 2024. Se lhe interessar procurar conhecer melhor essa estrutura, no Direito Canônico, veja DIOCESE nos números: Igreja particular, 368, 369; governada pelo Bispo diocesano, 381; circunscrições equiparadas, 370, 371; territorial, 372; ereção, 373; como se divide, 374; relações com a Sé Apostólica, 364; nos negócios jurídicos é representada pelo Bispo, 393; deve providenciar ao sustento do Bispo resignatário, 402 § 2; governo durante a Sé impedida e vacante, 413-415, 417-430; auxílio à Sé Apostólica, 1271, e às dioceses mais pobres, 1274.

o atendimento administrativo e organizacional da Igreja católica em uma determinada diocese[17].

O Código de Direito Canônico – Cân. 469 – traz a definição de Cúria: "A cúria diocesana compõe-se das instituições e pessoas que prestam serviço ao Bispo diocesano no governo de toda a diocese, principalmente na direção da ação pastoral, na administração da diocese e no exercício do poder judicial".

É o conjunto de pessoas que, no campo administrativo e judicial, auxiliam o bispo no governo da diocese. "A cúria diocesana compõe-se das instituições e pessoas que prestam serviço ao bispo diocesano no governo de toda a diocese..." (Cân. 469). Essa estrutura de governo gere todas as ações que serão desenvolvidas nessa circunscrição eclesiástica. Toda a cúria, seja ela metropolitana ou diocesana, vai estar sempre organizada nestes três setores: pastoral, jurídico e administrativo.

Ali é o lugar próprio do atendimento do bispo diocesano. Todas as instâncias da administração são concentradas naquele espaço. Embora transcrito anteriormente, vamos repetir a definição, pois é importante para nosso entendimento e redimensionamento de pastoral. "A cúria diocesana compõe-se das instituições e pessoas que prestam serviço ao Bispo diocesano no governo de toda a diocese, principalmente na direção da ação pastoral, na administração da diocese e no exercício do poder judicial" (Cân. 469).

Informando o modo de como se estrutura a organização da cúria diocesana. Dom Oriolo dá outra dimensão atribuindo mais "ferramentas gerenciais" (cf. p. 39) como referenciais teóricos, coordenação, recursos humanos e estrutura com seus recursos e, depois, vai dar distinção às pessoas na gestão da cúria (p. 46-57). Assim:

---

17 Dom Edson Oriolo, *Cúria Diocesana* – gestão organizacional, Paulus Editora, 2022, 136 páginas. Da sinopse: "Escrita com o intuito de fornecer pistas para dinamizar a cúria diocesana na direção pastoral, no cuidado da administração da diocese e no exercício do poder judicial, esta obra trata da transformação contínua que vem acontecendo na organização, natureza e finalidade da cúria diocesana, desde o Concílio Vaticano I até alguns documentos inspirados pelo Concílio Vaticano II; analisa a estrutura organizacional da cúria diocesana...".

- vigário-geral para auxiliar o bispo no governo da diocese (cf. Cân. 475-481);
- vigário episcopal (Cân. 476-477);
- a chancelaria, cuja função é cuidar da redação dos documentos da cúria e guardá-los em seu arquivo (cf. Cân. 482-491);
- conselho para assuntos econômicos (cf. Cân. 492-494), em que aparece a figura do ecônomo diocesano (padre, diácono, religiosa ou leigo) para a administração;
- conselhos, departamentos e comissões: de presbíteros, consultores, assuntos econômicos (CAE), conselho de pastoral, formadores, chancelaria, arquivo, contabilidade, comunicação, secretaria, tribunal eclesiástico, departamento jurídico, administrativo, arquitetura, manutenção e transporte, auditório, salas de pastorais etc.
- logística da cúria diocesana. Nesse âmbito entram a necessidade de "alguns departamentos de gestão" (Oriolo, p. 59s), o financeiro, o administrativo, o jurídico (lei geral de proteção de dados, lei de responsabilidade fiscal, lei de responsabilidade civil e princípios da entidade com uma gama de responsabilidades inerentes).
- dois pontos merecem mais atenção: a "estrutura do patrimônio" da cúria diocesana, cujos bens devem ser administrados e confiados a uma burocracia de eficiência para não se perder na gestão; e o "setor das comunicações sociais".

A cúria é o lugar próprio do expediente do bispo diocesano. Ali se encontra o gabinete de atendimento para as audiências, entrevistas, o encontro com seus pastores e o povo em geral, que sempre deseja conversar com o bispo, levar informações e reclamações.

"A cúria não é simplesmente uma estrutura burocrática voltada para ela mesma, pois se insere na ação evangelizadora da diocese e da arquidiocese. Ela está a serviço. Todos os que trabalham nesse local trabalham em prol das paróquias, para as comunidades, para aquilo que acontece no dia a dia da vida da Igreja", relata Sérgio Murilo, diocese de Vitória, ES.

Podemos resumir que a cúria é a estrutura do governo da diocese local, de onde saem todas as provisões e que, com seus setores, organiza as ações, que vão acontecer nas comunidades, nas paróquias. Ela não é somente o lugar da burocracia administrativa da diocese, mas também o lugar da promoção da caridade. Nas cúrias, deve ser refletida a caridade pastoral, que anima toda a Igreja. Segundo Cardeal Odilo Pedro Scherer: "Para isso, são necessários vários serviços que buscam favorecer a organização pastoral e administrativa da diocese, sempre tendo em vista a primeira missão da Igreja, a evangelização. As cúrias são expressão do serviço pastoral da Igreja, de sua memória, história e organização necessária para bem servir".

Nesse sentido, o canonista Maurício Alberto Landra salientou que "quem realiza um trabalho na cúria o faz, por mais técnico que seja, com uma finalidade pastoral, colaborando diretamente no exercício do múnus, isto é, a missão própria confiada por Jesus a um bispo, sucessor dos apóstolos, de governar e pastorear a porção do povo de Deus reunida em uma diocese"[18].

A cúria não é somente um espaço técnico, mas é um serviço aos irmãos, "aos que vão a ela, aos que esperam uma resposta, que solicitam um espaço de escuta". Nesse sentido, o canonista ressaltou a importância da "porta" de uma cúria, isto é, o serviço encontrado logo na entrada de sua sede. "Aquele que vem ao lugar físico da cúria diocesana deve ser atendido cristãmente, com respeito e paciência[19]".

2.3. A paróquia-comunidade

Na Igreja católica, a definição de paróquia é dada pelo Código de Direito Canônico que declara: "Paróquia é certa comunidade de fiéis, constituída estavelmente na Igreja particular, cuja cura

[18] *https://osaopaulo.org.br/brasil/*. Dia 15 de junho de 2021.

[19] *Idem.*

pastoral, sob a autoridade do Bispo diocesano, está confiada ao pároco, como seu pastor próprio" (Cân. 515 – § 1).

E o Cânon 519 assim descreve: "O pároco e o pastor próprio da paróquia que lhe foi confiada e exerce a cura pastoral da comunidade que lhe foi entregue, sob a autoridade do bispo diocesano, do qual foi chamado a partilhar o ministério de Cristo, para que, em favor da mesma comunidade, desempenhe o múnus de ensinar, santificar e governar, com a cooperação também de outros presbíteros ou diáconos e com a ajuda de fiéis leigos, nos termos do direito".

Nos primeiros séculos da Igreja, escreve Pe. Bassini, não existiam as paróquias; existiam apenas os bispados ou dioceses administradas pessoalmente pelos bispos, legítimos sucessores dos apóstolos. Assim, podemos dizer que cada diocese constituía uma paróquia, cuja matriz era a catedral, única igreja a possuir pia batismal. Os bispos, em suas catedrais, acercavam-se de presbíteros auxiliares para o serviço do culto e a administração dos sacramentos (in: *Vida Pastoral*, n. 252).

No início da propagação da fé católica, as "paróquias" eram, maiormente, na zona rural. Com o desenvolvimento do cristianismo, elas passaram a ser também na cidade, que acolhia as comunidades a seu redor. Ali se formavam e desenvolviam as cidades com suas práticas de piedade ao redor da figura de um pároco, instituído pelo bispo diocesano.

Em geral, quando se idealiza uma paróquia, imaginam-se sua pastoralidade, seu cuidado espiritual e, dificilmente, sua organização burocrática/financeira. De certo, encontramos, com essa visão, as dificuldades, até o presente, em compreender sua organização e necessidade de manutenção em âmbitos de contabilidade, de estrutura financeira, do dízimo, das festas etc.

As paróquias são formadas por uma série de comunidades no urbano e na zona rural; são conhecidas como capelas. Na imensidão do Brasil, encontramos paróquias com áreas rurais enormes e inimagináveis em sua distância e quase impossível de atendê-las de modo eficiente.

Um tema que desperta interesse sobre as paróquias é a questão urbana. Já foram realizados alguns seminários sobre a pastoral urbana. Existem ensaios sobre modelos alternativos de paróquia, considerando a dimensão afetiva da opção pessoal, a aproximação pela caracterização profissional, paridade socioeconômica e outras experiências realizadas como investimentos para uma renovação[20].

A Igreja tem publicado alguns documentos refletindo sobre a questão-paróquia. O Documento 100 da CNBB – comunidade de comunidades: uma nova paróquia – tenciona esse viés de reflexão tendo as comunidades como foco de maior atenção.

Define-se, de certa forma, a paróquia, na esteira da *Evangelii Gaudium*: “É presença eclesial no território, âmbito para a escuta da Palavra, o crescimento da vida cristã, o diálogo, o anúncio, a caridade generosa, a adoração e a celebração. Por meio de todas as suas atividades, a paróquia incentiva e forma seus membros para serem agentes de evangelização” (n. 29).

O Documento de Aparecida trata do tema paróquia em vários capítulos, mas esse é mais prenotado: “A paróquia, comunidade de comunidades” (DA, 170-177). Define a paróquia como “célula viva” e “lugar privilegiado de experiência com Cristo e comunhão eclesial” (*idem*, 170). Fica, de certo, a desejar a questão organizacional no que tange à contabilidade, gestão etc.

Cada paróquia tem sua problemática de manutenção, de organização e de atendimento à evangelização. As pastorais e os movimentos ocupam uma gama grande de tempo dos pastores para o cuidado pastoral.

---

[20] *Idem, Vida Pastoral.*

Sem delongas, padre Libânio, em seu livro "Cenários da Igreja", descreve-a em quatro modelos: 1 – A paróquia tradicional, centralizada. 2 – A paróquia modernizada. 3 – A paróquia descentralizada. 4 – A paróquia como rede de comunidades. Traduz sua intenção em dois planos: perspectiva em cada cenário identificando as forças dominantes e as reações das forças sociais opostas e oferece elementos críticos da viabilidade histórica e harmonia teológica[21].

As paróquias são motivadas a seguir "As Diretrizes gerais da ação evangelizadora da Igreja no Brasil", pois apontam para uma reestruturação na organização paroquial. Porém a última Diretriz (2019-2023) não trata da questão-gestão e administração. São temas transversais e que ficam fora da eclesiologia e dos ditames imediatos de pastoral.

2.4. A organização paroquial e conventual

A paróquia caminha bem quando está organizada, porém não é nada fácil. Custa tempo e dá muito trabalho. A organização é à base de toda estrutura bem montada do aparadouro estrutural da comunidade paroquial.

Na mesma linha, imaginamos a vida administrativa religiosa dos conventos, dos mosteiros e das casas de vida consagrada. A necessidade de um administrador, denominado ecônomo, é indispensável. A função do controle muito eficiente é o fluxo de caixa e o balancete mensal contendo de forma discriminada todas as entradas e saídas financeiras, disponíveis e de fácil acesso para todos os membros da congregação acompanhar o direcionamento dos recursos.

Como administrar e fazer manter viva a riqueza acumulada por séculos? Somente uma boa administração dará o toque necessário.

---

21 Cf. Edições Loyola, 1999.

Nosso livro deseja, também, contemplar esse caso. Nossa reflexão vai nesta direção: a imersão da vida religiosa na administração inteligente e o cuidado de seus bens por meio do economato. Apenas há a necessidade de se adaptar a linguagem!

De fato, não é cômodo e fácil montar uma estrutura organizacional na paróquia. Esse aspecto carece de tempo, gosto e dedicação constantes. Mesmo o "plano emergencial" de 1962 não contemplou a gestão como ativo necessário para a organização paroquial.

Em geral, nossas paróquias são bem administradas no que tange à organização e estrutura das pastorais e dos movimentos. Você já notou quando se vai fazer um encontro de jovens, de casais, acampamentos etc. como o grupo, as equipes se organizam e se estruturam de forma coesa e todos lutam por um único objetivo?

Mesmo as comunidades de base, as pequenas comunidades missionárias se organizam de forma pastoral dando o melhor de si para abrilhantar as atividades. O mesmo acontece com as equipes de liturgia, canto, catequistas, leitores, ministros etc., pois todos se dedicam de forma a mostrar o melhor de si em benefício da comunidade.

Cada comunidade local está organizada por meio de equipes, conselhos, serviços, grupos, pastorais e movimentos, que se fazem representar nas assembleias por meio dos conselhos de pastoral local e paroquial identificados como CCP (Conselho Comunitário de Pastoral), CPP (Conselho de Pastoral Paroquial) e o conselho para assunto econômico paroquial (CAEP).

O que é o CAEP? "... é um órgão consultivo, composto de membros leigos da comunidade, que, assessorando o Pároco, pretende ser o verdadeiro elo por meio do qual se efetuam a corresponsabilidade, a coparticipação dos fiéis cristãos na administração dos bens temporais da paróquia" (regimento, art. 1°, da diocese de Presidente Prudente).

Observação

É obrigatório, por determinação do Código de Direito Canônico, a constituição do Conselho de Assunto Econômico Paroquial – CAEP (Cân. 1280), cumprimento do Cân. 537 do Código de Direito Canônico. Quanto a sua finalidade: "O CAEP tem por função assessorar o Pároco na administração dos bens materiais da paróquia, levando em conta as prioridades definidas quanto à administração e à pastoral, promovendo a participação da comunidade da paróquia, especialmente quanto ao desenvolvimento material, enaltecendo a partilha comunitária" (Ribeirão Preto, SP). Entre tantas, sua finalidade é: assessorar o pároco na administração dos bens; cuidar de sua manutenção: saúde, côngrua, veículo, orçamento, investimento; supervisionar; promover; emitir parecer; fiscalizar etc.

O conselho de pastoral e o econômico fazem da comunidade um espaço de comunhão na administração da paróquia, cuja função é realizar ações que compreendem quatro processos principais interligados: planejamento, organização, execução e controle.

A administração, no quesito da organização pastoral, é: "um processo de planejar, organizar, liderar e controlar os esforços realizados pelos membros da organização e o uso de todos os outros recursos organizacionais para alcançar os objetivos estabelecidos"[22].

Não podemos nos esquecer da secretaria paroquial, que é muito mais do que um escritório para assuntos burocráticos. Os secretários paroquiais são muito mais que funcionários, são evangelizadores! Logo, ter sensibilidade e empatia é um dos requisitos

[22] Stoner, R. *Teoria Geral da Administração*. São Paulo: Makron Books, 1999, p. 5.

para aqueles que ali trabalham, como também a hospitalidade e o acolhimento[23].

2.5. As leis que governam a Igreja

A Igreja Católica Apostólica Romana é a mais antiga do Ocidente. Sua sede fica no Vaticano, na Itália. Ela, atualmente, é dividida em arquidioceses, dioceses, prelazias e províncias eclesiásticas, em comunhão com a Sé Romana. Em resumo, podemos dizer que são várias as leis que a compõem, governam e a conduzem. A lei maior é o Código de Direito Canônico, o Catecismo, Concílios, sínodos etc.

No que tange à pastoral, a Igreja no Brasil tem suas conhecidas "Diretrizes Gerais da Ação Evangelizadora da Igreja no Brasil" que são renovadas a cada quatro anos. A mais recente (2019-2023) não foi atualizada por causa da pandemia, que dominou o cenário mundial e do Sínodo dos Bispos dos anos de 2022-2025. Em 2025, na assembleia dos bispos, serão votadas as novas diretrizes. No aguardo!

As pastorais, em geral, têm alguns documentos que indicam sua pedagogia no processo de execução dos trabalhos, como é o caso das comunidades, a pastoral do batismo, da penitência, da unção, da terra, da catequese, da ecologia e assim por diante.

Podemos nos lembrar do Documento 100 que orienta a reflexão sobre a "nova paróquia", isto é, um modo de refletir sobre a comunidade, tendo em vista as pequenas comunidades eclesiais. "Isso implica revisar a atuação dos ministros ordenados, consagrados e leigos, superando a acomodação e o desânimo" (n. 8).

– A Palavra de Deus. O Catecismo lembra no número 81: "A Sagrada Escritura é a Palavra de Deus, por ser redigida sob a moção

23 Cf. *Theòs, sistema eclesial.*

do Espírito Santo". "A Tradição e a Sagrada Escritura estão entre si estreitamente unidas e em comunicação, pois, provindas ambas da mesma fonte divina, formam, de certo modo, um só todo e tendem para o mesmo fim" (n. 80a).

– O Catecismo da Igreja. O Catecismo é a fonte genuína da catequese. Ele é o "compêndio de toda a doutrina católica, tanto em matéria de fé, como de moral, para que ele seja um ponto de referência para os catecismos que venham a ser preparados por diversas regiões"[24] (p. 15).

– A lei moral. A Igreja mantém um compêndio de leis para reger sua doutrina moral, social etc. "A lei moral é obra da sabedoria divina." Podemos defini-la, em sentido bíblico, como uma instrução paterna, uma pedagogia de Deus. "Ela prescreve ao homem os caminhos, as regras de procedimento que o levam à bem-aventurança prometida; condena os caminhos do mal, que desviam de Deus e de seu amor. E, ao mesmo tempo, está firme em seus preceitos e amável em suas promessas" (CIC, 1950).

– A lei social. A Igreja se pauta, em sua doutrina, em um compêndio (abril de 2004) da doutrina social da Igreja com 1.232 notas de rodapé. A doutrina social é o anúncio de fé que o Magistério faz diante das realidades sociais.

"O cristão sabe poder encontrar, na doutrina social da Igreja, os princípios de reflexão, os critérios de julgamento e as diretrizes de ação donde parte para promover esse humanismo integral e solidário. Difundir tal doutrina constitui, portanto, uma autêntica prioridade pastoral, de modo que as pessoas, por ela iluminadas, tornem-se capazes de interpretar a realidade de hoje e de procurar caminhos apropriados para a ação: o ensino e a difusão da doutrina social fazem parte da missão evangelizadora da Igreja" (DSI, 7).

[24] Da *introdução* à "novíssima edição" da 5ª edição de 2022.

Acrescidos a esse compêndio de educação social, os Papas propõem, em suas encíclicas – tais como "Rerum Novarum" de Leão XIII; as de São João Paulo II: "Laborem Exercens"; de são João Paulo II: "Sollicitudo Rei Socialis" e "Centesimus Annus" – aspectos sociais da doutrina para revisão de conteúdos da fé e do testemunho cristão. Recentemente, o papa Francisco se dirigiu aos cristãos com duas encíclicas de tema social: "Laudato si'" (2015) e "Fratelli Tutti" (2020).

No Catecismo, podem-se ler os diversos estágios da lei, nos números 1950-1974: a lei moral (natural, antiga e evangélica).

– Mandamentos da Igreja (n. 2041-2024): "Os preceitos da Igreja inserem-se nesta linha duma vida moral ligada à vida litúrgica e nutrindo-se dela. O caráter obrigatório destas leis positivas, promulgadas pelas autoridades pastorais, tem por fim garantir aos fiéis o mínimo indispensável de espírito de oração e de esforço moral e de crescimento no amor a Deus e ao próximo. Os preceitos mais gerais da Igreja são cinco": (1) Ouvir missa inteira e abster-se de trabalhos servis nos domingos e nas festas de guarda; (2) Confessar-se ao menos uma vez por ano; (3) Comungar pela Páscoa da Ressurreição; (4) Jejuar e abster-se de carne, conforme manda a santa mãe Igreja; (5) Ajudar a Igreja em suas necessidades. Não se deve esquecer, também, da observância dos dez mandamentos de Deus segundo consta nos textos bíblicos: Êxodo 20,2-17 e Deuteronômio 5,6-21. No Catecismo se encontra no número 2051.

– O Código de Direito Canônico. Direito Canônico é o conjunto de leis que rege a estrutura institucional da Igreja Católica Apostólica Romana. Ele regulamenta todos os segmentos da vida eclesiástica, sua organização, seu governo, seu ensino, seu culto, sua disciplina e suas práticas processuais. Lembrando que é a única religião a possuir um código próprio que a determina e é reconhecido pela nação brasileira.

Em sua apresentação, João Paulo II escrevia:

> Deste modo, é bastante claro que o Código de modo algum tem o objetivo de substituir a fé, a graça, os carismas e principalmente a caridade na vida da Igreja ou dos fiéis. Pelo contrário, seu fim é antes o de criar tal ordem na sociedade eclesial que, atribuindo a primazia ao amor, à graça e aos carismas, torne ao mesmo tempo mais fácil seu desenvolvimento ordenado na vida, quer da sociedade eclesial, quer também de cada um dos homens que dela fazem parte[25].

E prossegue a reflexão de apresentação: "O Código, como principal documento legislativo da Igreja, baseado na herança jurídica e legislativa da Revelação e da Tradição, deve considerar-se o instrumento indispensável para assegurar a ordem tanto na vida individual e social, como na própria atividade da Igreja".

No que tange a nosso livro, o Código nos induz ao Livro V – dos bens temporais da Igreja – e, com isso, "capaz de adquirir, conservar, administrar e alienar bens temporais, nos termos do direito" (cf. Cân. 1254-1310).

Os regionais de pastoral também criam algumas orientações particulares e reservadas em vista do bem comum, bem como as províncias de pastoral e setores da diocese (em algumas regiões muda-se o nome). As orientações, sempre, visam a algumas atividades específicas de pastoral.

As dioceses, também, produzem seus documentos em ordem às orientações pastorais de seu rebanho. Mormente encontramos alguns estatutos e algumas diretrizes de orientação, cartas pastorais e regulamentos para governar as atividades de pastoral, como é o caso específico dos conselhos administrativos das paróquias (CAEP). São documentos ricos em orientação e conteúdo para a formação dos fiéis.

---

[25] Constituição Apostólica – *Sacrae Disciplinae Leges* – João Paulo II, 25 de janeiro de 1983.

Apenas, retomando e resumindo

A função do CAEP é cuidar do patrimônio da paróquia, administrado pelo pároco, em nome da autoridade diocesana, com colaboração do CAEP, isto é, cuidar dos bens móveis e imóveis adquiridos com recursos da diocese ou da paróquia, ou a ela doados (cf. Cân. 1257), do patrimônio das capelas e administrá-lo de acordo com as orientações da Diocese contidas em seu Regimento. Além disso, o CAEP é responsável pelo quadro de funcionários da paróquia.

Nesse âmbito, não podemos deixar de indicar o setor religioso no que tange às congregações religiosas, às casas de institutos de vida consagrada, às ordens religiosas, às casas de vida apostólicas e aos seminários religiosos. Todos são assistidos e amparados pelo regimento do Direito Canônico. Nada passa despercebido a ele e às obrigações em relação a seu patrimônio. Seus direitos estão compaginados no Livro II, parte III, dos institutos de vida consagrada e das sociedades de vida apostólica, segundo os cânones 573-746.

O código traz para essas instâncias uma norma específica: artigo 3 – dos bens temporais e sua administração, segundo os cânones 634-640. Eles são regidos pelas instruções do livro V, dos bens temporais da igreja (cf. Cân. 1254-1310).

Indica que, em cada província, "haja um ecônomo, distinto do superior e constituído segundo as normas do direito próprio, que administre os bens sob a direção do respectivo Superior. Nas comunidades locais, constitua-se igualmente, quanto possível, um ecônomo distinto do Superior local" (Cân. 636 – §1).

Mais adiante trata das penalidades por falta de transparência na administração (cf. Cân. 639 – §2-5). De certo, cada casa terá em ordem sua contabilidade adequada às normas vigentes no país e de convenção com o “Acordo Brasil e Santa Sé”.

A contabilidade em igrejas é importante para garantir o equilíbrio econômico e lançar uma visão mais técnica sobre a gestão de custos e investimentos da instituição, além de prestar suporte no cumprimento de obrigações legais, fiscais e regulatórias[26].

Certificamos, finalmente, que “a contabilidade se posiciona como uma mentoria financeira para garantir o crescimento da entidade e assegurar que esse processo ocorra conforme a legislação e em dia com a Receita”[27].

---

[26] cf. *https://www.contadoragora.com/contabilidade-de-igreja.* Acesso em 27.06.2024.

[27] Idem.

3. A IMPORTÂNCIA DA GESTÃO NA PARÓQUIA

É tão desagradável quando se ouve falar mal da gestão de um pároco, quando este, ao ser transferido, deixa algumas contas para serem saldadas por seu sucessor, quando o povo comenta a respeito do dinheiro mal utilizado na paróquia, quando se gasta demais e acaba exigindo da comunidade aquilo que não conviria pedir.

Sabemos que as paróquias são construídas com o esforço do povo de Deus, que se dispõe ao serviço. Muitos padres têm dificuldades de reconhecer o esforço da comunidade e começa a exigir aquilo que não lhe é devido. O dízimo para alguns nunca é suficiente e se torna um dos pontos mais críticos.

Quando o gestor não tem equilíbrio e economia nos gastos, as entradas nunca são suficientes. Acontece que alguns padres têm dificuldades de se comunicar com seu CAEP e com ele fazer a gestão da paróquia. Quando existe esse equilíbrio, de certo, a comunidade caminha desimpedida e livre das dívidas.

> A gestão precisa de avaliações, que devem ter um caráter periódico, há a possibilidade de revisão do desempenho, discussão dos pontos fortes e fracos, concordando-se metas, estabelecendo-se as necessidades e as grandes oportunidades de desenvolvimento pessoal.

Uma comunidade endividada é sofrida e sem perspectiva. A esperança morre em cada tentativa. Nesse caso há a necessidade de se recorrer à reorganização, mas todos estão descontentes e sem autoestima para gerir uma nova opção ou crise financeira. No fundo de todo esse clima, pensa-se em transferência!

Esses são os desafios das paróquias. Na maioria das vezes, não estão organizadas em função de um conselho pastoral, elemento favorecedor da participação dos leigos nas decisões em âmbito paroquial, um organismo participativo, representativo das forças vivas da paróquia. O conselho possui caráter facultativo quanto a sua constituição diferente do poder do conselho dos diretores em uma outra empresa.

A essa altura é bom entender a dinâmica de uma paróquia naquilo que ela tem de direito. Vamos lá.

Paróquia: é uma parcela do território da diocese sob a direção espiritual e administrativa de um sacerdote, o pároco. É "uma determinada comunidade de fiéis, constituída estavelmente na Igreja particular, e seu cuidado pastoral é confiado ao pároco como a seu pastor próprio, sob a autoridade do Bispo diocesano" (Cân. 515 § 1).

A gestão é como o motor que movimenta sua dinâmica. "A gestão pastoral", diz D. Valmor, "e administrativa torna-se, cada vez mais, uma ciência indispensável para a competência exigida no exercício ministerial".

Nessa tarefa aparecem duas expressões: administração e gestão. Administração é um processo de tomar decisões e realizar ações que compreendem quatro processos principais interligados: planejamento, organização, execução e controle. A palavra administração vem do latim: **Ad** (direção, tendência para), **Minister** (subordinação ou obediência).

Segundo Stoner, "a Administração é o processo de planejar, organizar, liderar e controlar os esforços realizados pelos membros da organização e o uso de todos os outros recursos organizacionais para alcançar os objetivos estabelecidos". De fato, é um trabalho constante e que exige eficiência, cuidado, zelo e insistência.

Para Murad gestão é a competência e a arte de gerenciar processos e liderar pessoas, em vista da missão de qualquer organização. Sobre a aplicação desse conceito, no âmbito de gestão, o Código de Direito Canônico, no trato sobre "Da administração dos bens", fala que:

> A administração dos bens eclesiásticos compete a quem imediatamente governa a pessoa à qual pertencem esses bens, a não ser que outra coisa se determine no direito particular, nos estatutos ou por legítimo costume, sem prejuízo do Ordinário de intervir em caso de negligência do administrador (Cân. 1279 – §1).
> § 2. Para a administração dos bens de uma pessoa jurídica pública, que, pelo direito e segundo o documento de fundação ou os próprios estatutos, não tenha administradores próprios, o Ordinário, a quem está sujeita, escolha, por um triênio, pessoas idôneas; as quais podem, de novo, ser reconduzidas pelo Ordinário (§ 1).

O pároco é o responsável pela administração da paróquia, de cujos bens é administrador. Assim, a ele é exigida a observância dos cânones 1281-1288. Ao ser escolhido para assumir o encargo de uma paróquia, faz o juramento de fidelidade, de confiabilidade governamental e de obediência ao Ordinário, ao bispo. Ele, que se torna um homem público, deve procurar conhecer as normas vigentes do país para desempenhar bem seu mandato sem causar conflito com o Estado. Deve prestar contas à própria comunidade (diocesana e paroquial) e separar rigorosamente da administração pública tudo quanto se refira ao âmbito individual e familiar, o que na administração pública chamar-se-ia de nepotismo (Denizze de Sousa Tavares).

Alguns autores recordam que "administrar uma paróquia é ciência que envolve experiência, habilidade no trato com as pessoas, estabelecimento de políticas e regras, bom controle dos recursos e uma infinidade de outras qualidades".

A seguir abordaremos a gestão da "gestão sustentável".

3.1. O Código de Direito Canônico

Vale, sempre, destacar e afirmar a importância do Direito Canônico para nossa compreensão na administração dos bens da Igreja, que se firma nesse direito que lhe dá a consistência de igreja e disciplina. Muitas situações desagradáveis, na administração, são por falta de conhecimento, zelo, respeito e cuidado pelo direito vigente da igreja.

O agente de pastoral não tem obrigação, em princípio, de conhecer o Direito Canônico, mas, se o desejar, será um bom serviço à pastoral. Quem tem obrigação em conhecer o Direito Canônico é o padre de sua paróquia. E, embora tenha estudado para isso e se preparado durante longos anos, isso não dá a certeza de que conheça os cânones mais importantes e os pratique na comunidade.

O Código de Direito Canônico foi promulgado no dia 25 de janeiro de 1983. Assim se expressava João Paulo II na Constituição Apostólica "Sacrae Disciplinae Leges":

> O Código, como principal documento legislativo da Igreja, baseado na herança jurídica e legislativa da Revelação e da Tradição, deve considerar-se o instrumento indispensável para assegurar a ordem tanto na vida individual e social, como na própria atividade da Igreja. Por isso, além de conter os elementos fundamentais da estrutura hierárquica e orgânica da Igreja, estabelecidos pelo seu Divino Fundador ou baseados na tradição apostólica ou na mais antiga tradição, e ainda as principais normas referentes ao exercício do tríplice múnus confiado à própria Igreja, deve

> o Código definir também as regras e as normas de comportamento (p. 10 ou p.34 – na recente apresentação)[28].

"Depois de todas estas considerações, deve sem dúvida augurar-se que a nova legislação canônica se torne um instrumento eficaz com que a Igreja possa aperfeiçoar-se, de acordo com o espírito do Concílio Vaticano II, e mostrar-se cada vez mais capaz de cumprir neste mundo a sua missão salvífica" (p. 12 ou p. 36).

No longo prefácio do Código de Direito Canônico, advertem-se os ministros: "não é lícito a nenhum sacerdote ignorar os cânones", como já lembrava o Papa Celestino na carta aos Bispos da Apúlia e da Calábria (dia 21 de julho de 429). A igreja, liberta do arianismo, prescreveu: "os sacerdotes saibam as sagradas escrituras e os cânones" porque "se deve evitar, principalmente nos sacerdotes de Deus, a ignorância, mãe de todos os erros" (Cân. 25; Mansi, X, col. 627, p. 13 e ou 38).

O prefácio continua dando as devidas informações: o novo Código consta de sete Livros que são intitulados: I – Das Normas Gerais; II – Do Povo de Deus, III – Do múnus de ensinar da Igreja; IV – Do múnus de santificar da Igreja; V – Dos bens temporais da Igreja; VI – Das sanções penais na Igreja; e VII – Dos processos.

De nosso interesse, o Livro V – DOS BENS TEMPORAIS DA IGREJA. Cân. 1254:

> § 1 A Igreja Católica, por direito originário, independentemente do poder civil, pode adquirir, conservar, administrar e alienar bens temporais para prosseguir os fins que lhe são próprios.

---

[28] Já tratamos mais atrás, mas é bom se reportar ao código. *Código de Direito Canônico*, 3ª edição – revista e atualizada – , Conferência Nacional dos Bispos do Brasil, edições CNBB, 2023, 386 páginas, mais o sumário. CNBB, *Código de Direito Canônico* – com comentários e fontes, 2024, 1360 páginas. "Esta nova edição é ideal para os estudiosos da organização eclesiástica. Agora, além do texto oficial em latim e a tradução aprovada e revisada em português do Brasil, a obra inclui fontes, comentários redigidos por especialistas e interpretações autênticas...". Edição de 2024.

§ 2. Os fins próprios são principalmente os seguintes: ordenar o culto divino, providenciar a honesta sustentação do clero e dos outros ministros, exercer obras do sagrado apostolado e de caridade, especialmente em favor dos necessitados.

Todas as atividades da Igreja estão contempladas nesse código, principalmente, quando se trata da administração dos sacramentos e das questões que envolvem o setor de supervisão contábil, financeiro da comunidade paroquial e alhures.

A contabilidade ganha para a comunidade ares de transparência, que significa: apresentar informações contábeis de forma fiel, completa e tempestiva, sem omitir ou distorcer dados que influenciam o julgamento dos usuários. Orienta-se cumprir as normas e os padrões técnicos da contabilidade, seguindo as orientações do Conselho Federal de Contabilidade (CFC) e das Normas Brasileiras de Contabilidade (NBC).

Motivada pelo Direito Canônico, a contabilidade traz benefícios para ambas as partes envolvidas, como confiança, fidelidade, satisfação, qualidade e credibilidade. Além disso, causa um impacto positivo na tomada de decisões do pároco ao propor a programação de levantamento de fundos.

Os CAEPs se firmam nesses direitos observando-se vários cânones para sua prática e obediência. Quando se indica sua "natureza", vai-se aos Cânones: 537 e 1280. Em sua "finalidade", vai-se aos Cânones: 119, 127, 1292, 1254, 281 e 384. Quanto a sua "constituição", vai-se aos Cânones: 1277, 1292, 1276 e 493.

A contabilidade, enfim, não fica fora dos olhares do Código. Diz o estatuto prudentino: "Demonstre o máximo de transparência no que diz respeito a sua gestão por meio da elaboração e apresentação de prestação de conta mensal destinada ao CPP, à comunidade paroquial e, anualmente, à assembleia paroquial (cf. Cân. 1287 – §2), tomando os devidos cuidados com a exposição pública de valores financeiros" (do Cap. IV – *Da contabilidade paroquial*, art. 20º d).

3.2. Investir na gestão sustentável

A gestão sustentável está investida de poder no Código de Direito Canônico, Capítulo VI (Das sanções penais na Igreja) – das paróquias, dos párocos e dos vigários paroquiais, Cânon 515 e seguintes. "A paróquia é uma certa comunidade de fiéis, constituída estavelmente na Igreja particular, cuja cura pastoral, sob a autoridade do Bispo diocesano, está confiada ao pároco, como a seu pastor próprio."

O Código instrui: "Em cada paróquia haja um conselho para os assuntos econômicos, o qual se rege pelo direito universal e pelas normas dadas pelo Bispo diocesano, e em que os fiéis, escolhidos segundo as mesmas normas, auxiliem o pároco na administração dos bens da paróquia, sem prejuízo do prescrito no Cân. 532" (cf. Cân. 537).

Uma gestão sustentável se faz com organização. Toda ação organizada tem tudo para dar certo, começando pelo conselho dos assuntos econômicos como órgão consultivo de assessoramento do pároco, cuja constituição é obrigatória em cada paróquia.

A sustentabilidade, na gestão, significa investir em inovação, tecnologia e uma nova cultura de produtividade. É o que estamos buscando nessas últimas décadas. É um caminho que só podemos ir para frente. Hoje, falamos em inovação e aproveitamos das tecnologias a nossa disposição.

As paróquias se renovam, modernizam-se no atendimento contábil, favorecendo a administração, utilizam-se da tecnologia para dar mais transparência e visibilidade a si. Até o "pequeno" atendimento aos dizimistas poderá ser revestido de sustentabilidade. Tudo depende do modo que se procede ao atendimento.

Talvez a pergunta e a resposta mais audaciosa sejam: como fazer uma gestão sustentável? Esta foca muito no monitoramento, para que apenas o que é necessário para a qualidade de produção seja gasto. Hoje tratamos desse caminho como governança, que é se interessar pelo coletivo como próprio da comunidade paroquial. Sustentabilidade e governança se completam de modo a prover nossas limitações na administração.

Muitos padres reclamam da ingerência de leigos, em sua administração, e da vigilância ao se cuidar das compras e dos negócios. Esses padres, em geral, têm um corte autoritário e não admitem que os leigos possam lhes dar conselhos em sua administração, sentem-se humilhados diante da necessidade de se consultar o conselho para algumas compras (até compras pequenas).

O seminarista, desde o período de sua formação, já deve ser informado sobre essa condição. O padre não é dono nem proprietário da comunidade; ele deve ser um servidor de seu povo. Com essa atitude, tudo caminha para a unidade. O conselho econômico (CAEP) não deseja humilhá-lo, quer apenas colaborar, como tarefa própria de sua vocação batismal.

Diz o Direito Canônico: "Em cada paróquia, haja um conselho de assuntos econômicos, o qual se rege pelo direito universal e pelas normas dadas pelo Bispo diocesano, e em que os fiéis, escolhidos segundo as mesmas normas, auxiliem o pároco na administração dos bens da paróquia, sem prejuízo do prescrito no Cân. 532" (cf. Cân. 537).

Essa visão democrática da gestão é extraordinária e colabora com a comunhão na comunidade. Todos saem ganhando. O conselho e o pároco somam valores em função do Reino.

"Busquem, pois, em primeiro lugar o Reino de Deus e sua justiça, e todas essas coisas serão acrescentadas a vocês"[29].

3.3. A contabilidade como ferramenta na gestão

A contabilidade, que norteia a administração, é "a ciência que estuda e pratica as funções de orientação, de controle e de registro, relativo aos atos e fatos da administração econômica". É simples e complexa ao mesmo tempo.

Embora muitos ainda não tenham descoberto sua importância, é a maior aliada da gestão paroquial, é a divisora das águas pelas quais podemos navegar com tranquilidade. Sem ela nosso caminho está encerrado e não podemos progredir.

Ela é aquilo com que se pode contar, é a ciência da riqueza e uma informação econômica importante para a administração da igreja paroquial, pois alimenta os dividendos (cuja conta anual deve ser fornecida à Receita) para o imposto de renda . Ela é o alicerce de tudo que se poderá edificar e construir na comunidade. O equilíbrio financeiro passa pelo rigor dessas contas em manutenção.

As paróquias que se encontram com dívidas e com má administração/gestão podem ter certeza de que lhes tem faltado um cuidado com a contabilidade. Por vezes, descuidamos desse detalhe importante na administração e na gestão.

A contabilidade, cujo principal objetivo é fornecer informações úteis para tomadas de decisão, tanto internas quanto externas à entidade, é o mapa da mina e, no dizer mais moderno, é o GPS ou a bússola para nos orientar. É fundamental para cuidar da saúde financeira da organização e garantir o cumprimento das normas fiscais. Outro objetivo das demonstrações contábeis é o de proporcionar informação acerca da posição patrimonial e finan-

---

[29] Mt 6,33: as bem-aventuranças devem ser prioridades na comunidade de Jesus: 5,6-10.

ceira, do desempenho e do fluxo de caixa da entidade, que seja útil a grande número de usuários em suas avaliações e tomadas de decisões econômicas (cf. Conselho Federal de Contabilidade).

De modo assertivo, é a ciência que estuda, interpreta e registra os fenômenos que afetam o patrimônio de uma entidade. Alcança sua finalidade por meio do registro e da análise de todos os fatos relacionados com a formação, a movimentação e as variações do patrimônio administrativo, vinculados à entidade, com o fim de assegurar seu controle e fornecer a seus administradores as informações sobre o estado patrimonial e o resultado das atividades desenvolvidas pela entidade para alcançar seus fins necessários à ação administrativa, bem como a seus proprietários e demais pessoas associadas[30].

Quando adentramos no "mundo da contabilidade", encontramos diversas técnicas usadas pelo contabilista para que seus objetivos sejam atingidos. Podemos admirar estas três:

– a escrituração, uma forma própria de registrar as ocorrências patrimoniais;

– as demonstrações contábeis, uma maneira expositiva de reunir os fatos a fim de obter mais informações;

– a análise de balanços, uma técnica que permite decompor, comparar e interpretar o conteúdo das demonstrações contábeis, fornecendo informações analíticas para o processo de tomada de decisão financeira.

Assim, essa ciência é indispensável na administração paroquial. Às vezes, vacilamos nesse momento organizacional por descuido ou displicência. "O setor contábil é um dos mais relevantes de uma organização e é essencial para que os negócios possam ir cada vez mais longe, já que analisam despesas, lucros, receitas, custos e tudo o que for necessário para garantir um próximo passo com muito mais segurança"[31].

---

30 http://*www.fea.usp.br.* Acesso em fevereiro de 2024.

31 *https://blog.contmatic.com.br/.* Acesso em 28.6.2024.

3.4. A noção de governança na pastoral

Além da questão administrativa no sentido de contabilidade, escritório, secretaria paroquial, não se pode deixar de contemplar a administração pastoral. Sabemos que ela demanda tempo e investimento em qualidade e tecnologia para sua dinâmica e ascensão. De forma melhorada, necessitamos rever a qualidade de nossas máquinas para se adequarem à modernidade com melhoria de funcionalidade em *softwares* de ponta (programação, sistema e aplicação).

Nesse sentido, a inteligência artificial, isto é, a capacidade de máquinas realizarem tarefas consideradas complexas e próprias para seres inteligentes, é essencial para as igrejas/comunidades que buscam se modernizar. Consideramo-la como força transformadora em vários setores, revolucionando a forma como as comunidades conduzem suas atividades administrativas (os negócios).

Muitas questões da má administração se esbarram na deficiência de técnicas administrativas, de falta de governança, ou seja, de direção. As quatro funções fundamentais que apresentamos para a governança são: estabelecimento de metas; coordenação das metas; execução; avaliação, reações e comentários. De certo, é o que devemos fazer diante de qualquer e toda ação de pastoral. O segredo é se organizar, pois há prejuízo quando não se organiza a ação de pastoral. Parece simples, mas tem uma questão de hábito e de educação.

As metas

A paróquia precisa de metas para se firmar na pastoral e indicar trabalho aos agentes de pastorais, que são envolvidos pela proposta de metas. Uma paróquia sem meta é como um navio à deriva em um mar turbulento e já se pode alvejar seu desempenho zero/negativo a cada ano que passa.

Esse trabalho poderá ser avaliado de duas maneiras: pela assembleia paroquial e pelo balancete financeiro-contábil no fim do ano (ou início do ano vigente). Esses são os dois espelhos da comunidade.

A colocação dessa prática é mais crucial, pois exige a preparação de agentes para a realização da governança paroquial. Esta não é uma palavra da moda que podemos ser utilizada de qualquer forma, pois carrega seus critérios de atenção e cuidado. Basicamente, seu sentido é o de administrar, dirigir, monitorar, orientar, organizar e elaborar estratégias para tomar decisões assertivas. Essas qualidades não são dadas de forma gratuita aos líderes ou agentes de pastorais. É uma construção, e necessita de estudo, atenção e esforço. São decisões pautadas na ética, transparência, segurança, no crescimento e na geração de resultados, ou seja, tudo que precisamos para fazer a pastoral impulsionar e atingir seus objetivos.

Acontece que, em geral, estamos em um patamar bem inferior de atividade de pastoral. Somos mais motivados, mantidos e impulsionados pela dinâmica dos movimentos. Eles não trazem o crescimento pastoral como alvo. De certa forma, vivemos em uma crise de identidade pastoral profunda e que não estamos nos dando conta do desfalque.

Essa ideia de governança, aplicada à dinâmica de pastoral, no Brasil, é recente. Estamos engatinhando na reflexão e tentando encontrar alguns gargalos de seguimento. Em geral, caminhamos devagar, e, com a crise na/de pastoral que contemplamos, o desafio é muito maior. No cotidiano paroquial, satisfazemo-nos produzindo encontros dos mais diversos seguimentos de pastorais. Poucas vezes, paramos para a avaliação.

A governança é um instrumento de avaliação que, bem utilizado, gera a certeza de novos caminhos no horizonte de pastoral. Não acontece de imediato e leva tempo para se acostumar com a prática. É um mecanismo de liderança, estratégia e controle, postos em prática para avaliar, direcionar e monitorar a atuação da gestão e do gestor.

Sempre nos perguntam: para que interessa a governança? Para aprimorar e aperfeiçoar os processos administrativos da comunidade paroquial, considerando todas as tomadas de decisão de forma estratégica. Não se trabalha sozinho ou isolado. Os conselhos de pastoral (CPP) e econômico (CAEP) devem ser parceiros indispensáveis nessa tarefa de plantar e colher frutos.

Sem delongas, podemos resumi-la fincando quatro pilares: equidade, transparência, prestação de contas e responsabilidade diocesana/paroquial/religiosa. São ações indispensáveis para a manutenção correta de uma comunidade paroquial. Desses destacamos dois: transparência e prestação de contas, duas colunas sempre em constante jogo de azar diante das mídias, pois sempre ouvimos notícias sobre desfalques na sociedade e na Igreja. Os escândalos nascem desse desequilíbrio administrativo. Muitos não querem mostrar as contas... Outros não desejam prestar contas.

Essas comunicações não são boas para a governança de resultados e confiabilidade na comunidade paroquial. As pessoas acabam fazendo juízo temerário sobre determinadas administrações religiosas. Isso, também, respinga no convento, na casa religiosa, na escola, no mosteiro etc.

> O Código de Direito Canônico, no Cân. 1287 § 2, asseveram que "os administradores prestem contas aos fiéis dos bens por eles oferecidos à Igreja, segundo normas a estabelecer pelo direito particular".

Podemos indicar algumas alternativas e dinâmicas para se colocar a governança em ação:

- evoluir com uma agenda constante de formação na estratégia de ação pastoral. Promover e respeitar um calendário de atividade previamente estabelecido;

- atrair novos colaboradores-agentes (dizimistas, ofertantes e agentes de pastoral). Quando se falha com a governanças, as lideranças continuam sempre as mesmas;

- aumentar a visibilidade dos trabalhos de pastoral, divulgar na rede interna da comunidade, mostrar o que se faz com as economias dos paroquianos ou dos colaboradores;

- prevenir problemas, erros e fraudes. Muitas comunidades se queixam da falta de uma administração transparente e de leigos responsáveis;

- incentivar e facilitar a captação de recursos. Hoje, temos vários recursos de comunicação virtual (*on-line* e *off-line*). Promover ações em função da comunidade e se utilizar do dízimo e das campanhas para custear esses recursos;

- reduzir o custo do capital, isto é, ser uma comunidade mais pobre, contida e desprendida de recursos de luxo com gastos sem sentido. A falta de planejamento pode causar desperdícios e gastos desnecessários;

- melhorar o desempenho operacional, isto é, a comunicação na comunidade, nos grupos de pastorais e agentes;

- controlar o abuso de poder, uma vez que as decisões não estão na mão de uma só pessoa. A abertura para a motivação do CAEP e conselhos de pastorais para distribuir o poder de mando do pároco. Alguns párocos, sistematicamente, opõem-se à formação do conselho (cf. Cân. 537 e 1280);

- promover relações transparentes com *stakeholders*. O que é isso? São os agentes motivados, entusiasmados pela missão da Igreja. Esses fazem a diferença na comunidade. Eles investem tempo e se dedicam, com afinco, para fazer o evangelho chegar a todos. Pergunta-se: quem de nossos agentes, de fato, motiva a comunidade?;

– evitar o conflito de interesses. Em geral, ainda, existem aqueles que desejam serem vistos, elogiados e reconhecidos pelo trabalho pastoral. Não que não devamos elogiar, mas exigir o reconhecimento é, por demais, depreciativo na caminhada de fé;

– impedir o uso de informação privilegiada por alguns interessados. Sempre aparecem aqueles que desejam saber tudo o que acontece na comunidade de forma a nunca estar satisfeitos com os trabalhos. Talvez, não sejam pessoas confiáveis para estar à frente de alguns trabalhos;

– cuidar para não manter a vigência do autoritarismo de alguns religiosos. Apelamos para uma ação mais solidária no sentido sinodal e do caminhar juntos, considerando as divergências nas ações e decisões. Impor é a coisa mais hedionda.

Ficam essas ideias e sugestões para se organizar a comunidade com base na governança democrática na comunidade. Na realidade, a comunidade deve ser sempre "democrática" no sentido de comunhão e de participação. Paulo nos orienta:

> Ora, assim como o corpo é uma unidade, embora tenha muitos membros, e todos os membros, mesmo sendo muitos, formam um só corpo, assim também acontece com a Cristo. Pois em um só corpo todos nós fomos batizados em um único Espírito: quer judeus, quer gregos, quer escravos, quer livres. E a todos nós foi dado beber de um único Espírito (1Cor 12,12-13).

Como nos lembra Dom Vital Corbellini – Bispo de Marabá (PA):

> A Igreja é chamada a constituir comunhão entre seus membros. A desunião não serve para nada, divide, afastando as pessoas da comunidade e do Senhor. A comunhão se constrói pelas relações com as pessoas e com

> Deus. O trabalho evangelizador é dado sempre em comunhão, nunca sozinho. Como a palavra diz: comunhão é estar com mais pessoas[32].

3.5. O indicador financeiro

Falemos mais uma vez sobre finanças de forma simples e pastoral. A estratégia é sempre sem muitos segredos, mas complexa para quem vive ansioso e sonhando com o que não pode possuir.

O indicador financeiro tem como objetivo fornecer todas as informações importantes que ajudem os gestores a avaliarem o negócio no geral e a tomarem as melhores decisões no desempenho da atividade econômica de uma paróquia, de uma casa religiosa ou diocese. Eis alguns indicadores:

– toda ou quase todas as paróquias acabam fazendo algumas promoções. Como isso é feito? Avalia-se antes, durante e depois da promoção? Chamamos isso de margem bruta de lucro. Com o resultado desse cálculo, será possível analisar quais os produtos e serviços, realmente, valem a pena para a comunidade?

– Questão dos custos. É importante saber quais são os custos e as despesas contínuas daquela mercadoria ou promoção. Ou seja, aquela que, faça chuva ou faça sol, sempre fará parte ao longo do tempo.

– Margem bruta do lucro. Muitos se enganam com a margem de lucro de uma festa, por exemplo. O indicador mensura o lucro bruto da promoção e seu objetivo é constatar o quanto a promoção é eficiente quando o assunto é vendas.

– Margem líquida da venda. Considerando a contabilidade de todas as variáveis, vem a margem líquida da festa ou promoção. Finalmente, certos investimentos não valem a pena.

– Encontrando o equilíbrio. Quanto sua comunidade precisa faturar para, no mínimo, pagar as despesas? Muitas promoções,

---

32 *cnbb.com.br*. Acesso em abril de 2024.

sem cálculo matemático, não valem a pena gastar o tempo dos agentes para tão pouco resultado. Nesse momento, nada de espiritualismo: "Ah o povo faz tudo por amor"!

No fim, avalia se valeu a pena ou não, se o tempo investido foi produtivo ou não e o que foi possível fazer com o capital arrecadado. Certas formas de captação de recurso não valem o tempo perdido imaginando estar lucrando.

> Ter bons indicadores financeiros é como ter informações suficientes para pilotar um avião. Um bom piloto precisa dominar a altitude da aeronave, saber a velocidade adequada, pressão interna e externa da cabine e, principalmente, precisa saber se está na rota correta, ou seja, se o avião está na direção esperada pelos passageiros[33].

É fundamental a tomada de decisões na hora de investir, pois ajuda a avaliar a qualidade do caixa a ser investido e a justeza dos preços a serem avaliados. Ele apresenta um gráfico das condições do capital de giro presente na paróquia, ou na casa religiosa, ou no seminário. Temos insistido que as dívidas acontecem por falta de verificação do capital disponível no banco ou caixa, em geral.

Observem um conselho.

Os indicadores mostram se as metas estão sendo atingidas e se a atividade da paróquia está gerando lucros. Eles também são muito assertivos quando usados para analisar possibilidades de investimento e expansão do negócio e para reduzir gastos e despesas.

Um exemplo muito comum: a paróquia precisa de um carro novo. Não tendo o dinheiro suficiente, acaba fazendo um empréstimo em um banco, com juros atrativos por cinco anos. Compensa? Qual será o montante final dos juros? As dívidas serão pagas, pontualmente? Houve uma análise do investimento? Vale a pena esse

[33] *https://www.serasaexperian.com.br/*. Acesso em junho de 2024.

sacrifício para ficar na dependência? Um carro usado não seria mais adequado para sanar, momentaneamente, as dificuldades?

No mundo dos negócios precisamos, às vezes, dar dois passos para trás para acertar. Os indicadores financeiros revelam como anda a saúde financeira de sua paróquia, casa ou empresa. Se você está no caminho do crescimento e do lucro ou se precisa rever a trajetória de seu negócio. Eles mostram o quanto você faturou e lucrou; qual foi impacto dos custos; quais investimentos são mais rentáveis e vários outros resultados que guiam sua gestão financeira. Quando acompanhados de perto, trazem um diagnóstico completo da saúde financeira da igreja e ajuda você a tomar decisões mais certeiras. Estamos pensando em negócios.

Perguntamos: o que são indicadores financeiros? Quais suas entradas e saídas? Qual é o custo mensal de sua paróquia, casa ou empresa? Por que os usar?

Eles são nossos espelhos de valores. Aqui não adianta sonhar e querer o que não pode comprar. Com isso em vista, nada de empréstimos. A maioria das paróquias necessita enxugar seus gastos para entrar no caminho de um caixa positivo e competitivo.

Monitore seus indicadores financeiros com a "Conta Azul" (sempre positiva). No último fim de ano sua conta entrou no vermelho? Se sim, sua igreja está péssima na gestão, precisa fechar a torneira e consertar seu indicador financeiro. Para isso, nada melhor que um planejamento junto ao CAEP e umas aulas sobre administração. Na maioria das vezes, esse tipo de situação é fruto da falta de entrosamento entre padre, superiores e conselho.

Os padres autoritários têm dificuldade de provocar a harmonia na comunidade. Eles impõem seus valores exigindo fidelidade dos comandados, não admitem questionamentos nem que alguém pense diferente. Esses comportamentos, também, existem nos conventos, mosteiros, seminários e nas casas de formação. Na maioria das vezes, causam divisões na comunidade e desconforto na caridade.

3.6. A gestão financeira

De certa forma, temos indicado essa dimensão construtiva na paróquia. De forma resumida: é preciso cuidar da entrada de caixa, pagar contas, de forma estratégica identificar gastos desnecessários e encontrar soluções viáveis para eliminá-los. A ansiedade, de muitos gestores, põe a paróquia em constantes desacertos financeiros.

Quais processos estão envolvidos na gestão financeira?

A gestão financeira abrange diferentes expressões, dependendo do porte e dos objetivos das paróquias. Em geral, dividimo-las em pequenas, médias e grandes (sempre considerando o balancete final do ano e dependendo dele). Existem alguns santuários que merecem uma atenção especial. Na mesma linha de pensamento, podemos atribuir às casas religiosas as mesmas dimensões na gestão.

Alguns processos, no entanto, são essenciais:

- planejamento financeiro, com a definição de metas e orçamentos para o negócio. Ao se fazer esse processo, tem-se noção da disciplina e organização da vida paroquial/conventual;

- controle do fluxo de caixa, é como o espelho da comunidade, em que se observam todos os dias sua evolução;

- gestão de contas a pagar e a receber. Quando há disciplina e organização, elas ficam em pastas separadas por dias agrupados da semana. Por exemplo: dias 1-10; 11-20; 21-30; ou seguirá a divisão por quatro semanas;

- acompanhamento e administração do capital de giro. Sempre conferir o saldo bancário. Não se faz compra sem esse *checklist* em observação, usado em tarefas repetitivas para reduzir falhas, compensando possíveis limites de memória e atenção humana. Existem *software* e *softplan* (planejamento e sistema. Modo de simplificar) para sua efetivação. Na planilha se avalia a compra por ordem de: 50%, 26%, 13% e 10%. Todo orçamento deve se enquadrar nesse plano de indicação dos valores a serem investidos. Na maioria dos erros, a sanação está na necessidade de atenção e cuidado contábil. Não é muito fácil, é preciso apenas acostumar-se em fazer planejamento e verificação diária. Para isso, exige-se um profissional comprometido com a comunidade, o qual, além da técnica, tenha muito amor pelo trabalho administrativo na comunidade;

– gerenciamento da emissão e organização de notas fiscais. Esse cuidado se torna a filosofia da gestão paroquial/conventual. Deve-se sempre comprar com a nota fiscal para dar transparência na administração;

– controle de estoque. A secretaria mantém um arquivo das necessidades básicas, normais e cotidianas da paróquia. Alguns aplicativos ou sistemas são disponibilizados para controlar o fluxo de entrada e saída em tempo real e de forma automatizada. Assim, facilita o planejamento de novas compras e reduz furos ou sobras no estoque;

– apuração e análise dos resultados do negócio. Talvez, seja a parte mais complexa da vida paroquial/conventual. Nem sempre estamos atentos, diariamente, a essa realidade. Acreditamos que, por menor que seja a paróquia/o convento sempre há possibilidade de se apurarem as entradas e saídas diárias do caixa paroquial/conventual.

Por meio desse olhar organizacional, podemos programar uma composição de cuidado e zelo pastoral, afirmar que não é difícil ou complicado, apenas se exigem persistência, cuidado e atenção especial na administração financeira da paróquia/

casa religiosa. Sem esses processos simples, não se caminha em busca da organização e do cuidado pastoral[34].

Todo empreendedor sabe que a necessidade de planejamento é uma realidade. Então como alcançar uma rotina organizada? Sabemos que a maioria dos padres e das religiosas não é empreendedor, apenas administrador do sagrado.

3.7. A consultoria da gestão financeira

Administrar uma igreja ou uma casa religiosa é um desafio que envolve a solução de problemas, manutenção da economia, liderança de equipes (conselhos administrativo e econômico), aumento de entradas, análise de concorrência e tomada de decisões importantes.

Sempre é aconselhável uma consultoria, ao menos aquela mais discreta e transparente. Quando a situação financeira é decadente ou não anda bem, aconselha-se uma consultoria para se detectar a raiz do problema! Alguns a entendem de forma negativa, mas ela é saudável e necessária.

São os desafios que não dão oportunidade para se adiar para amanhã. O cuidado na administração e consultoria se mistura às soluções: controlar os números (as entradas e as saídas); reduzir despesas quando o caixa estiver baixo; aumentar o fluxo do caixa; analisar o caixa todos os dias; evitar preocupações financeiras para não haver desgaste emocional e prejudicar a administração.

Ao se cuidar da consultoria, evidenciam-se os pontos altos e os baixos da contabilidade da paróquia ou casa religiosa. Supõem-se: clareza nos números, rentabilidade mensal, estabilidade do caixa, discernimento e direcionamento. O mais incômodo seria convencer que se deva mudar o rumo das despesas e reforçar as entradas.

[34] Sempre ouvimos reclamações sobre os funcionários que ficam no celular desde o momento que adentram no trabalho. Já começam o dia dispersos e assim vai...

No desespero em acertar o caixa, começa-se a exigir demais da comunidade. A comunidade religiosa, a essa altura, descobre três pontos que fundamentam a organização: a visão, a missão e os valores a serem preservados no dia a dia.

As organizações que estão em situação de desalinho e de desgaste não perceberam, ainda, essas três dimensões e estão jogando no escuro da lei, desejando acertar na aventura; sem administração não se vai longe. O processo vai enferrujando e se perde o controle.

Há cinco benefícios a serem admirados, praticados e procurados para se colocarem em prática:

1. *Foco na administração*. Embora seja simples, é um benefício difícil para se colocar em prática. Ter atenção e direção em um ponto – o que se busca – sem distrair as ações para caminhos não importantes. O foco, sempre, visa ao lucro.
2. *Controle*. Saber apreciar que, na contabilidade, não existe milagre. Somos religiosos e devemos evitar a tentação de ficar imaginando que "Deus esteja no comando". O controle é apreciar as contas na ciência exata. Um dos principais benefícios da governança na igreja é a melhora do desempenho.
3. *Integração das equipes*. Nunca trabalhar sem a unidade com os demais membros da comunidade. Uma administração apenas personalizada é sem êxito contábil. Todos devem estar integrados na administração.
4. *Direcionamento*. Não há como administrar sem uma equipe de conselheiros. Isso se pode ter por meio do CAEP e do CPP, quando se organiza, na medida em que esteja sentindo a necessidade da unidade na pastoral.
5. *Assessoria*. Uma exigência necessária para quem deseja trabalhar com caixa sadio, limpo e transparência.

Sem delongas, podemos dizer que há a necessidade de se fazer consultorias, porquanto representa o início de uma nova e bem-sucedida fase de uma comunidade religiosa. Uma igreja bem gerenciada aproveita melhor os recursos e as oportunidades disponíveis, aumentando suas chances de sucesso.

A necessidade da consultoria nem sempre é bem-vinda ou vista. Aqueles que estão com a contabilidade "enrolada" não querem alguém dizendo o contrário. Estão irritados e não querem alguém para intervir e sanar seu caixa. Entretanto ela traz dois benefícios: crescimento e aumento de seu potencial. De modo assertivo: "Consultores trazem uma visão externa sobre aquilo que acontece internamente na empresa"[35].

Nós temos um "bom produto" para oferecer à comunidade e à sociedade, mas nem sempre ele é bem apresentado e administrado! Fiquemos atentos e abertos às novas visões na administração transparente.

---

[35] *https://www.philosgs.com/noticias/*. Acesso em 5.7.2024.

4. CRUZANDO AS CONTAS DA COMUNIDADE

Cruzar as contas é saber o que se tem em conta corrente, o que se pode fazer a curto, médio e longo prazo, sem exceder o saldo do mês.

Nada melhor que a tranquilidade por uma contabilidade consciente, inteligente e equilibrada. Hoje, temos inúmeros caminhos de melhorias no setor contábil; eles nos oferecem indicações de melhorança de caminhos e cenários de prosperidade para a comunidade paroquial, seminários e casas religiosas.

Todos nós já sabemos o quanto a tecnologia faz a diferença para nosso dia a dia, não é mesmo? Ela é uma aliada no serviço à economia paroquial, fornece dado e instrui o gestor a visualizar em que ponto se encontra seu caixa para a gestão eficiente. Como impacta diversos setores, a contabilidade não poderia ficar de fora. Hoje, esse ramo também adere ao digital e ganha muito mais profundidade, praticidade e outras vantagens na hora de se adquirir um bem para a paróquia. Ela traz inúmeras vantagens, como facilidade na comunicação, melhoria na qualidade de vida e aumento da produtividade a seus subordinados.

O impacto da tecnologia em nossa vida, atualmente, não pode simplesmente ser ignorado. O século XXI já é chamado como a era da ciência e da tecnologia, pois avançamos muito nesse campo, em apenas 20 anos, embora pareça inacreditável[36].

---

[36] Cf. *https://www.migalhas.com.br/*. Acesso em março de 2024.

Constata-se que, ainda, muitas paróquias e casas religiosas não aderiram à tecnologia como protagonismo de emergência; não somos, em geral, ligados a isso. Em algumas, causa transtornos, medos e dificuldades, principalmente quando se trata de realizar um trabalho no sistema *on-line* ou em *home office*.

De certa forma, entendemos o desafio. Imagine aquelas comunidades distantes/espalhadas nesse imenso Brasil, com pouco sinal de internet e sem pessoas preparadas para se inserir no mercado competitivo da tecnologia contábil em lugares inóspitos e afastados. Essa é a reclamação de uma grande parte de párocos e superioras preocupados e interessados com a administração.

Essa questão não é somente das igrejas no cuidado com a transparência na contabilidade. Os escritórios de contabilidade enfrentam, diariamente, uma série de desafios que podem afetar sua eficiência e seu sucesso. Regulamentações de leis em constante mudança e uma concorrência acirrada em um mercado em expansão estão entre os principais obstáculos enfrentados por esses profissionais.

Em nossa diocese, não deixamos de dar formação e treinamentos dos secretários paroquiais. Oferecemos treinamentos regulares para nossa equipe, abordando as mudanças na legislação e as atualizações relevantes. Isso pode ser feito por meio de cursos internos, *workshops*, encontros *on-line*, seminários ou participação em eventos externos, como conferências e palestras. De modo especial nos interessamos pelo presencial.

De forma regular, ao menos duas vezes ao ano, promovemos encontros de formação e de lazer. A questão da formação é inevitável e não existe outro caminho. A legislação tem mudado bastante, e a cada tempo apertam-se as exigências e cobranças. Não podemos cochilar imaginando que conosco não irá acontecer.

Algumas dioceses e casas religiosas foram convocadas a prestar contas junto à Receita Federal e não conseguiram responder, de modo positivo e legal, aos questionamentos. Hoje, convivem com uma multa milionária e sem recursos para pagar a dívida junto ao estado.

Sejamos realistas.

Alguns padres não gostam de nossa dinâmica achando que as paróquias ficam com a secretaria fechada e sem o atendimento dos fiéis. Um dia a mais ou a menos fará pouca diferença, mas surtirá efeito positivo na resposta à administração. Aqui entra a questão do planejamento paroquial.

A vida paroquial tem ganhado "novo" destaque no que tange a sua formação e orientação. Somos induzidos a entender que não precisamos de tantas exigências. Alguns argumentam que somos uma igreja e não uma empresa! Ingenuidade de quem pensa assim. Não existe outro caminho, temos de cumprir a lei!

A igreja tem as mesmas obrigações de uma empresa, embora seja avaliada como um terceiro setor (nos termos do art. 927 do Código Civil, que dispõe: "aquele que, por ato ilícito [arts. 186 e 187], causar dano a outrem fica obrigado a repará-lo". Trata-se de responsabilidade subjetiva, portanto o lesado terá de fazer a prova do dolo ou da culpa para ser ressarcido). Nessas últimas décadas, devido aos escândalos financeiros em igrejas evangélicas e católicas, a fiscalização tem sido mais intensa.

Encontramos muitos *sites* sobre "gestão contábil": os cinco principais desafios da gestão em empresas de serviços, aqui, vão entender como igreja. Cruzar as contas é fazer gestão contábil e financeira. É uma tarefa complexa e que, ao mesmo tempo, é essencial para manter a saúde da igreja diocesana e do convento. Temos um CNPJ a zelar!

Vamos aos desafios:

1. Desconhecer o assunto. Há a necessidade de se dominar os recursos disponíveis na gestão. A paróquia não pode,

jamais, ficar ausente das informações. A participação dos cursos de formação é necessária: preparar e participar.

2. Omissão de dados. Sem os documentos, notas fiscais das despesas, não há como fazer contabilidade. As variáveis são indispensáveis e indiscutíveis. Omitem-se, definitivamente, os famosos recibos como pagamento a terceiros.
3. Opção por um programa contábil apropriado. Requer-se investimento para que tudo funcione de acordo com as leis vigentes. A contratação de uma empresa de *software* para contabilidade é importante.
4. Negligenciar documentos por esquecimento e não estar atento ao planejamento tributário da comunidade paroquial. Os tributos são necessários, e, com pagamento em dia, evitam-se as multas e os juros. Em nossa diocese, esses tributos são feitos (pagos), todos, pela Cúria, e, depois, as paróquias repassam os valores. Com isso, evitam-se os famosos esquecimentos.
5. Cuidado com as contratações de funcionários. Quando a paróquia possui funcionários, é fundamental que os gestores se atentem ao regime de contratação e tenham cuidado com as funções. Os funcionários das paróquias têm seu sindicato específico para as contratações. Eles serão contratados, sempre, em nome da Cúria ou da Mitra Diocesana, segundo rege o Estatuto diocesano de cada diocese.

Enfim, podemos indagar a respeito do gestor: "Você é um bom gestor"? Aqui estamos falando do pároco ou do administrador paroquial ou da religiosa como ecônoma da congregação. Uma boa gestão é indispensável para que qualquer comunidade paroquial atinja o sucesso desejado. "Para atingir o sucesso, a gestão deve ser excelente."

Algumas provocações

O bom gestor carrega algumas qualidades consigo. Então, responda às seguintes perguntas:

- Você analisa, periodicamente, o balancete financeiro de sua paróquia e faz análise dos indicadores financeiros? O balancete mensal é como o espelho da vida paroquial.
- Tem um bom controle financeiro de seu negócio (entrada e saída) e sabe exatamente quanto tem de saldo mensalmente? Isso seria o capital de giro. Toda paróquia deve ter esse capital de folga para a administração.
- Consegue identificar quais são os principais problemas de sua comunidade (pastoral e movimento) e tem um plano de ação para resolvê-los? O trabalho junto aos conselhos da comunidade é a saída exata para a solução.
- O padre, em geral, não tem funcionário; são todos da Cúria, e ele é o administrador de acordo com a legislação canônica e civil. Consegue observar se existe um bom desempenho e aproveita ao máximo o potencial de cada um?

O controle financeiro da paróquia é o mapa mais indicado para o caminho do sucesso. Para que sua paróquia seja rentável, é necessário analisar e ter controle de todas as despesas e receitas da comunidade. Somente dessa forma será possível saber se seu capital está condizente com a realidade de sua comunidade – se for efetuar alguma compra de alto valor.

A maioria de nós, provavelmente, sabe muito bem disso. Mas a inconsistência e a imaturidade poderão gerar alguns desconfortos na comunidade. Sempre é aquela questão decorrente da falta de um sereno planejamento e ter paciência de esperar o tempo certo para efetuar aquelas despesas. A pressa é inimiga da organização!

Muitas vezes, o gestor fica focado em planilhas eletrônicas, mas se esquece de que temos bons sistemas de gestão no mercado contábil e que são, sem dúvidas, de grande utilidade. Em geral, as dioceses disponibilizam um programa com grande chance de acerto.

Estamos cansados de ouvir, mas a solução é utilizar ferramentas que ajudem no planejamento e na concretização dessa meta. Esse é o caso da 5W2H, por exemplo. Ela ajuda a estabelecer uma sequência de ações planejadas para a realização e o cumprimento da meta.

Para tanto, responda às seguintes perguntas:

- *O quê?* - é sobre a meta a ser cumprida. É ter ideias claras e saber o que se procura. É cansativo, mas requer muita constância, dedicação e persistência.

- *Por quê?* - a razão para se atingir a meta. Por qual razão necessito dessa ação, daquela compra etc. O que se propõe para conseguir atingir o objetivo da ação proposta.

- *Onde?* - o local onde as ações serão realizadas. Definir, em planejamento, esse espaço para não ter a necessidade de se planejar mais tarde. Muitos negócios malfeitos foram por descuido do gestor.

- *Quando?* - os prazos de cada ação. A programação exige zelo antecipado para não se perder no caminho da ação. Os prazos programados se encaixam nas condições da paróquia/casa religiosa?

- *Quem?* - as pessoas que serão envolvidas no projeto e qual deve ser a atividade de cada membro da equipe. O CAEP foi consultado de modo assertivo? O gestor tem feito seus negócios (aquisição) independentes de uma consulta? Na maioria das programações, acaba existindo alguns desencontros por falta de determinação anterior à programação e/ou por autoritarismo do gestor ou da superiora.

- *Como?* - as ações que serão realizadas para atingir a meta. Esse ponto é crucial e importante. Aquela compra será paga em prestações, à vista ou haverá um empréstimo? Esse cuidado exige atenção e alguém que tenha sensibilidade para determinar, antecipadamente, as atribuições. Um bom negócio não se faz com emoção.

- *Quanto*? - monetariamente, quanto será gasto na realização do projeto a ser executado? As comunidades que se encontram endividadas foram aquelas que não tiveram o mínimo de planejamento. Sempre adotei o hábito de que: "se eu não tenho, não faço"! Se existem dívidas, para que adicionar mais uma? Na maioria das vezes, é uma questão de ansiedade mal resolvida do gestor.

Para cruzar as contas de nossas comunidades, podemos dar duas sugestões que são primárias e cotidianas:

- No escritório paroquial/casa religiosa: recebimento e entrega da documentação mensal e lançamento no sistema financeiro. São duas ações que devem se fazer diariamente.

A primeira tarefa do secretário é encaminhar as atividades do dia; ter presente as tarefas inerentes a sua função e ser responsável pela prestação de contas ao pároco e ao conselho econômico administrativo da comunidade (CAEP).

- Ficar vigilante na contabilidade mensal. Sempre acompanhar o fluxo mensal das entradas e saídas com o cuidado da previsão orçamentária para o mês seguinte. A contabilidade da paróquia é como o espelho para o qual se olha a fim de se arrumar. "Espelho, espelho meu, existe alguém mais organizado do que eu?"

Podemos vislumbrar uma tarefa: formar nova geração de líderes - padres, religiosas e leigas - para administrar a comunidade paroquial/convento. Pelo que se analisa, isso não está acontecendo, e o descuido com a gestão contábil é enorme.

Encontram-se escritas nos sites da internet coisas assim: "Uma base fundamental para liderar a nova geração é a inteligência emocional. Segundo estudos, 71% dos líderes de sucesso possuem alto grau de inteligência emocional. Isso envolve desenvolver o autoconhecimento e a empatia, estabelecendo uma conexão sólida com os jovens colaboradores”[37].

Um indício a se atentar:

> A contabilidade na era da inteligência artificial está passando por uma transformação significativa, impulsionada pela adoção de tecnologias avançadas que prometem aperfeiçoar processos, reduzir erros e aumentar a eficiência. A inteligência artificial (IA) está sendo integrada em diversas áreas da contabilidade, desde a automação de tarefas repetitivas até a análise preditiva de dados financeiros[38].

As novas gerações de padres e de religiosas precisam desse tipo de formação. A maioria dos padres, no entanto, fica focada no âmbito da liturgia e se esquece de que serão pastores que cuidarão da fé e da razão de seu povo no quesito administrativo.

Hoje vivemos na era do conhecimento, da sabedoria e da globalização. A nova era da comunicação também impõe a dinâmica da comunicação rápida. A nova geração requer velocidade de resposta, de plano de carreira e de reconhecimento.

“Com o avanço da tecnologia, em apenas um instante, pode-se comunicar com o mundo todo, por meio de aparelhos que cabem na palma da mão, além disso, o uso das redes sociais cresce a cada dia[39].”

4.1. O padre ou a religiosa podem administrar/governar?

Em geral, não é habitual entender que o padre ou a irmã da congregação sejam administradores! Na maioria das vezes,

---

[37] *https://www.robertwalters.com.br/.* Acesso dia 29.06.2024.

[38] https://actioncoachsc.com.br. Acesso em 29.06.2024. Trata-se de *Chatbots* e Assistentes Virtuais, contabilidade em nuvem, reconhecimento óptico de caracteres *compliance* automatizada etc. [Cf. Nota dos Dicastérios da fé, cultura e educação: “Antiqua et Nova”, https://www.vaticannews.va/pt/vaticano/news/2025-01]. Oferece um guia sobre os desenvolvimentos éticos da IA.

[39] Cf. *https://crescimentum.com.br/a-nova-geracao-de-lideres.* Acesso em 20.04.2024.

eles sempre são admirados pela celebração piedosa, pela espiritualidade, pela caridade, pelo acolhimento etc. Alguns padres se destacam nas questões administrativas da paróquia. Sempre está naquilo que tange às construções de prédios, igrejas e outros espaços em função da comunidade. O povo, admirado, até diz: "deveria ser engenheiro, arquiteto"!

Basicamente, todo padre deve ser um bom administrador. Ele se torna bom quando consegue fazer a supervisão coadjuvada de pessoas altaneiras, honestas e éticas a seu redor; quando consegue dialogar com a comunidade, indicar alternativas e ouvir os conselhos.

O padre pode e deve administrar, porém nunca sozinho. Com esse comportamento, ele se isola da comunidade e começa a dar o comando sem comunhão com os agentes e as pessoas que poderiam ser suas coadjuvantes.

Como é desanimador aquele padre que "administra" sozinho a comunidade paroquial! Não é um caminho saudável e não traz prospecção à vida comunitária. É um atraso e desgosto, pois todos se sentem desvalorizados.

Bem antigamente, existiam, nas comunidades, os conselheiros comunitários que, com cuidado, auxiliavam o pároco na administração. Outros chamavam essa função de presidente. Formava-se a comissão para as atividades que envolviam as questões financeiras, como as festas do padroeiro, as quermesses, os leilões etc.

O padre nunca teve *status* de administrador, apenas nas "coisas da Igreja" de um bom padre. Desde o seminário, é colocado que deve ser um sacerdote exemplar e que as "coisas do mundo" não podem ocupar sua cabeça. Não estamos afirmando que isso seja equivocado, mas o modo de se tratar sua função, seu ministério tem mudado de forma pastoral e canônica.

A legislação canônica atual diz:

> o pároco é o pastor próprio da paróquia que lhe foi confiada e exerce a cura pastoral da comunidade que lhe foi entregue, sob a autoridade do bispo diocesano, do qual foi chamado a partilhar o ministério de Cristo, para que, em favor da mesma comunidade, desempenhe o múnus de ensinar, santificar e governar, com a cooperação ainda de outros presbíteros ou diáconos e com a ajuda de fiéis leigos, nos termos do direito (cf. Cân. 519).

O pároco tem a missão de governar/administrar. No entanto ele não executa [ou não deveria executar] esse trabalho sozinho. Há a necessidade da secretaria paroquial e do conselho econômico para que juntos executem a missão de forma proativa e eficaz.

O livro de Dom Aloísio Lorscheider – *Identidade e Espiritualidade do padre diocesano* –, não trata dessa questão: "Cabe-nos ver agora como padre diocesano deve viver a sua vocação, o seu carisma, a sua missão, e qual o espírito que o deve animar em toda essa vivência, para corresponder ao plano salvador divino" (p. 65).

Nos parágrafos seguintes, pode-se subentender essa tarefa como seminal ou sublimar. O Bispo descreve seu desempenho como tarefas diversas, modo sincero de agir, sua incansável doação ao ministério, sua generosa cooperação com o bispo diocesano e presbíteros etc.

Das tarefas próprias do padre, elencam-se as seguintes:

– Evangelizar e ensinar. Fala do cuidado com a pregação devendo ser alimento para o povo de Deus (*idem*, p. 66);

– Santificar. Aqui usa uma expressão curiosa: "ecônomo da graça de Deus" (p. 76). De certo esteja se referindo aos sacramentos. Diz ele: "Por esse ministério presbiteral da celebração dos sacramentos, o sacerdócio espiritual dos fiéis atinge sua plenitude".

– Apascentar. Anota a respeito da "caridade pastoral", expressão do documento de Puebla indicando três vias: ir à frente das ovelhas, dar a vida por elas e conhecê-las e ser conhecido por elas (p. 69).

Na sociedade cansada na qual vivemos, devemos nos precaver de oportunidades e melhorias na administração. Carecemos de um bom desempenho na administração para responder aos questionamentos dos leigos/fiéis da comunidade. Somos, enfim, pressionados pelas leis que regem a administração contábil [não se estranhar que tenha ocorrido uma explosão de casos de doenças, como depressão, ansiedade e burnout]. Saindo da área psicológica e pastoral e adentrando o que o Direito Canônico indica, encontramos o que buscamos para responder à pergunta se o padre pode administrar. Lembrando a icônica frase do "Homem Aranha": "Com grandes poderes, vêm grandes responsabilidades".

Embora quase óbvio, poderá ressoar uma pergunta sobre "quem é o pároco"?

A legislação atual diz que é o pastor próprio da paróquia a ele confiada, o qual exerce o cuidado pastoral da comunidade que lhe foi entregue, sob a autoridade do bispo diocesano, de cujo ministério de Cristo é chamado a participar, a fim de exercer em favor dessa comunidade o múnus de ensinar santificar e governar, com a cooperação também de outros presbíteros ou diáconos e com a colaboração dos fiéis leigos, de acordo com o direito (cf. Cân. 519)[40].

O Cânone 532 estabelece que, "em todos os assuntos jurídicos, o pároco representa a paróquia, nos termos do direito; vale que os bens da paróquia sejam administrados nos termos dos Cân. 1281-1288".

Sua responsabilidade é pessoal, direta e diocesana. Nele está a responsabilidade pessoal, no sentido de que não pode renunciá-la, delegando-a a outros; e a responsabilidade direta, na qual

---

[40] Rogério A. das Neves, **TQ 33** (2018/1) 119-153. *https://facbel.edu.br/*. Acesso em 30.06.2024.

não pode ser substituído pelo Ordinário local a não ser em caso de negligência grave, prescrita no Cânone 1279 §1.

O padre é considerado como pastor de almas (ou cura de almas. Cf. Cân. 150), de modo a apresentar os cânones específicos sobre cada uma das missões: de ensinar, santificar e governar.

É um pastor que faz as vezes do bispo; enquanto presbítero, de certo modo, torna-o presente na paróquia. O pároco é visto como pastor no sentido de ser aquele que põe à disposição dos fiéis os bens da salvação sobrenatural, mediante pregação, celebração do culto e atos de governo da comunidade paroquial (cf. Cardeal Francesco Coccopalmerio).

O padre, cuja função é levantar a bandeira ética do ministério de transparência paroquial, deve ser um “bom” administrador. É uma redundância, pois sua missão é a de imprimir caráter na vida apostólica, com isso, o zelo pelas coisas de Deus. Uma paróquia bem organizada é aquela onde tudo caminha bem: a pastoral e a vida econômica.

Ele não pode fazer esse trabalho sozinho. A comunidade deve auxiliá-lo na administração, bem como na pastoral. Em geral, encontramos muitas pessoas disponíveis às coordenações pastorais, mas poucas se dispõem a auxiliá-lo na administração.

O pároco tem de ter uma equipe organizacional para executar o trabalho pastoral e econômico. Essa equipe se distribui em dois valores: cristão e administrativo, para validar o dia a dia da paróquia. Em síntese, há a necessidade de uma gestão humanizada. Descobre-se assim a missão da paróquia com duas funções essenciais: o cuidado e a constante avaliação.

O Catecismo lembra-nos essa necessidade e a cooperação dos leigos nos trabalhos da comunidade. “Nas comunidades eclesiais, a ação dos leigos é tão necessária que sem ela o apostolado dos Pastores não pode, na maioria das vezes, obter seu pleno efeito”

(CIC, 900). Esse texto vem ao encontro da reflexão na *Lumen Gentium*, 33.

O trabalho mais pesado de uma paróquia, de certo, não é a pastoral, a liturgia, a catequese etc., mas a administração. É o momento de se falar e se preocupar com a economia, com o dinheiro, com o dízimo, com as campanhas, com as promoções, com os pagamentos. Todo esse ordenamento deve estar em conformidade com as leis vigentes.

Há, de fato, um grande desgaste do administrador e das pastorais envolvidas nessa necessidade. A comunidade não tolera padre que faça algum pedido envolvendo dinheiro. Como dizem, duas coisas são proibidas de se dizer na igreja: dinheiro e política.

Para se tocar na questão dinheiro, precisa-se encontrar um ponto de equilíbrio na hora de se abordar o assunto, mas jamais no momento da homilia para não misturar os assuntos. Acreditamos que, no fim da missa, um recado bem dado, rápido e consolidado seria o ideal.

Jamais dizer: "assentem-se para os recados" acontece com os famigerados "recados paroquiais". Essa fala soa como má-educação e não cai bem para a comunidade, caso haja algum visitante. Se houver, o estrago está feito...

Quando isso não está bem-ordenado e organizado, parte-se para os momentos de se pedir a colaboração dos fiéis, e, aqui, começam a aparecer alguns desentendimentos na comunidade. A maioria das pessoas não gosta que o padre fique pedindo coisas nas celebrações. Estão corretas, mas esse poderá ser o único momento de encontro da comunidade!

O ideal é que esses pedidos sejam feitos nas reuniões de pastorais e nos setores da divisão paroquial. Para isso a comunidade se organiza em reuniões e planejamentos. Existe, de fato, o lugar próprio para se pedir a colaboração da comunidade. Todas elas têm suas equipes de serviços para a convocação. É preciso aproveitar esse espaço pastoral para propor as campanhas promocionais.

Como orientação: a administração serve para gerenciar os recursos financeiros e humanos dentro de uma comunidade eclesial, para que esta possa atingir seus objetivos. As funções administrativas são: planejar, organizar, dirigir e controlar.

Fica essa frase motivadora de Walt Disney: "Todos os seus sonhos podem se tornar realidade se você tiver coragem de persegui-los".

Fica, ainda, uma palavra a respeito do ecônomo e da ecônoma, porquanto religioso/a e administrador/a dos bens da comunidade religiosa. De certo, todos conhecem aquele/a religioso/a que foi eleito/a para administrar os fundos contábeis da comunidade religiosa como se instrui no Direito Canônico (cf. Livro II – Do Povo de Deus, art. 3, Cân. 634, §): "Os Institutos, Províncias e Casas, como pessoas jurídicas que são pelo próprio direito..."

A vida apostólica se rege pelas prescrições do Livro V – Dos bens temporais da Igreja (Cân. 635 - §1). Em geral, as grandes congregações e ordens religiosas detêm um grande capital que deve ser administrado com equidade, contabilizado com justiça e vigiado de acordo com as leis vigentes do país.

O Código instrui que haja um ecônomo que administre os bens sob a direção do respectivo superior (cf. Cân. 636 – §1) e que "mosteiros *sui iuris*" apresentem sua contabilidade (cf. Cân. 637).

O Código determina punição àqueles que fazem negócios dúbios e reprováveis como culpados, respondendo pelo dolo (cf. Cân. 639 – 2). Entra, nesse desfecho, a questão de enriquecimento ilícito; não há permissão de se contrair dívidas (cf. Cân. 639 – § 4 e 5) sem a condição de pagá-la. "A razão dessa medida preventiva está no fato de que as dívidas podem durar indefinitivamente e são perigosas; por isso é necessário prudência e prevenção[41]."

4.2. A função do secretário paroquial

Esse funcionário é fundamental na estrutura organizativa da comunidade paroquial. Carece de preparação, e a diocese precisa criar períodos formativos para ele. Em geral, os padres estranham e reclamam que as secretarias paroquiais fiquem fechadas quando o secretário ou a secretária se ausentam para fazer curso de atualização, ou formação, ou confraternização (A seguir, vou usar o termo no masculino).

Por exemplo, aqui na diocese, ultimamente, estamos instruindo sobre o processo matrimonial na plataforma digital, como implantar um processo novo, treinando os secretários das paróquias para o investimento e aproveitando o momento para reforçar as instruções na contabilidade e no financeiro. Para essas instruções, a equipe diocesana se faz presente: instrutor canônico, vigário-geral, escritório contábil, secretária diocesana e ecônomo. Quando a cúria tem contrato com uma empresa de gestão, sua presença é indispensável para o alinhamento contábil e alhures (por vezes aparecem alguns párocos nos encontros). Todas essas provocações se tornam um "mal" necessário.

Quando a diocese é organizada e tem um sistema de unidade pastoral, não há outro caminho a não ser o da organização diocesana. Para aquelas dioceses que adotam um sistema gerencial – existem vários no Brasil – há a necessidade de constantes treinamentos e de atualização. A união das paróquias forma a diocese, e, com elas, vem o CNPJ único. Todas as paróquias, por menor que sejam, respondem ao bom andamento da diocese.

---

[41] Comentários dos cinco parágrafos do Código, n. 639, Edição CNBB – 2024, p. 503.

Percebendo sua função

O secretário não está ali, na secretaria paroquial, para todo trabalho, mas para um trabalho específico e de fundamental importância para a gestão paroquial. Sua valorização e formação se tornam imprescindíveis para a comunidade.

As funções entre "financeiro" e "econômico/contábil", em geral, confundem-se e criam algumas dificuldades na linguagem e gestão de transparência. Vamos entender e dividir as funções para que a gestão fique limpa, transparente e facilite o entendimento.

Finança e econômico/contabilidade são termos que, frequentemente, são trocados. Embora ambos estejam relacionados com a administração e o gerenciamento dos ativos de um negócio, cada um tem uma finalidade e um foco diferente.

Vamos apreender de modo simples

– O que é setor contábil ou econômico?

O escritório contábil fornece serviços de contabilidade que gerenciam as finanças de diocese, conventos e paróquias. Suas responsabilidades incluem registrar contas, ativos e despesas, gerenciar folhas de pagamento, controle de férias e manter o controle de toda a documentação fiscal[42]. Atua como pilar na gestão financeira de igreja/convento, oferecendo uma visão detalhada e precisa da saúde econômica de um negócio.

Em geral, as dioceses contratam uma empresa de contabilidade, de confiança, para esse serviço. O escritório oferece, quando convocado, aquele olhar analítico próprio de quem administra as economias daquele setor (a diocese).

As dioceses maiores, ou algumas, têm sua contabilidade anexa à cúria diocesana. E a função do secretário é de prover o escritório com os documentos produzidos durante aquele mês.

---

42 Cf. *https://www.empreendeaqui.com.br/*. Acesso em 20.6.2024.

Na nossa diocese esses documentos são entregues até o dia 15 de cada mês.

O que é o setor financeiro?

Vamos entender as diferenças. Saber como funciona o departamento (setor) financeiro é fundamental para a gestão de seu negócio paroquial, pois lida com a gestão do dinheiro. Esse é o setor responsável por administrar os recursos da paróquia, controlando atividades, como finanças, riscos, planejamento e resultados no fim ou início de cada mês.

O financeiro é o meio pelo qual uma pessoa gera e usa seu capital, em outras palavras, como administra o dinheiro físico ou virtual. Isso, geralmente, abrange atividades como investimento, empréstimo, orçamento e previsão.

Essa é a função e o cuidado do secretário paroquial. É uma atividade importante para gerenciar a vida financeira da paróquia naquilo que toca sua administração e prestação de contas.

Isso sim é função do secretário: fornecer os documentos, notas fiscais e documentos gerais ao escritório de contabilidade que cuida do econômico. A contabilidade é a linguagem de negócios que comunica informações financeiras a seus gestores, incluindo demonstrações de resultados, balanços e demonstrações de fluxo de caixa.

A contabilidade é a arte de registrar, sistematicamente, as transações diárias das entradas e saídas do caixa paroquial. Por isso o secretário deve estar concentrado, diariamente, com sua função na secretaria paroquial.

O cuidado com as finanças envolve a responsabilidade de receber e de pagar as contas em dia. Todo atraso gerará multas e juros, portanto prejuízo para a comunidade. A utilização de uma agenda e de consulta diária é um vetor importante para o cuidado com as contas.

Todos os compromissos devem estar registrados na agenda. Manter uma agenda atualizada pode reduzir significativamente o estresse. A sensação de esquecer um compromisso importante ou perder um prazo pode ser desgastante. Ao anotar tudo na agenda e revisá-la regularmente, você se sentirá mais tranquilo, pois terá tudo sob controle. Ela pode ser de papel ou eletrônica, mas atenção: a que fica no celular, por exemplo, vai exigir mais cuidado do secretário, isto é, será necessário não ficar rodando a tela eletrônica procurando as "novidades" da internet.

As finanças são uma atividade orientada para o futuro que usa dados passados e fornecidos pela contabilidade para tomar decisões racionais e planejar o futuro da situação da vida paroquial. Ali se encontram as sínteses e os resultados de todo o processo de entrega de documentos.

As funções do departamento financeiro (quando existe) incluem: tesouraria, controle das contas a pagar e a de receber, contabilidade e mais!

Qualquer negócio que se fizer, na paróquia, deverá ser consultado o setor financeiro. Isso significa que um negócio só pode sobreviver se essa área for saudável, ou seja, se apresentar os resultados que permitam à paróquia alcançar os resultados esperados. Quando isso não é observado, entra-se em dívidas. Isso será o resultado, consequente, da desorganização.

Já ouvimos: "este mês não deu para pagar as contas"!

O que aconteceu? A ausência de consultas às informações, aos planos e às estratégias para o futuro financiamento de um empreendimento põe em risco todo o investimento e trabalho de sua equipe.

Assim se forma a "dinâmica do endividamento paroquial": fazer compras e gastar sem consultar o setor financeiro. Pode-se, nesse momento, consultar de modo indispensável o CAEP da paróquia. Muitos párocos, imbuídos de autoritarismo, acabam dispensando o conselho dos leigos para agir, em surdina, em seus negócios.

Não se esqueça: quer pastorear sem dor de cabeça? Aplique a "gestão orçamentária". Ela prevê possíveis cenários - positivos ou não - e acompanha os resultados para readequar o orçamento sempre que necessário.

Difícil? Talvez, meio confuso para iniciantes, mas vamos acostumando com os termos. Enquanto a tesouraria trabalha com o fluxo de caixa, a contabilidade controla o patrimônio da paróquia e suas capelas. O patrimônio de uma paróquia, de uma congregação religiosa ou diocese é composto de seus ativos (bens e direitos) e passivos (obrigações).

Observando, em resumo

A função do secretário é entregar as despesas variáveis ao escritório de contabilidade, ou seja, aqueles gastos que têm relação direta diariamente com o negócio governamental da paróquia.

O secretário da paróquia deve saber: o que são custos fixos e custos variáveis. Conhecer os custos de sua paróquia é vital para controlar e planejar os gastos, impactando nos lucros ou prejuízos da vida paroquial. Muitas paróquias acabam se endividando por falta desse zelo financeiro. Esse cuidado é indispensável e, por vezes, cansativo, mas não existe outro caminho.

O secretário deve entender que a vida paroquial recomeça todos os meses com as mesmas canções (as despesas, os pagamentos, os impostos, os salários etc.)! Não se "inventou", ainda, alternativa.

O controle de custos fixos permite o monitoramento do dinheiro gasto pela paróquia, identificando se os recursos estão sendo aplicados de forma eficiente ou sem retorno significativo.

> O capital de giro é composto dos recursos (dinheiro, crédito, estoques etc.) que são necessários para bancar a liquidez, isto é, possibilitar que a sua igreja ou diocese continue funcionando. O capital de giro é a diferença entre os recursos disponíveis em caixa e a soma das despesas e contas a pagar[43].

Quando se trabalha com planilha, sabendo os gastos mensais e os fixos (Custo Fixo e Variável), tudo fica mais tranquilo na administração, a paz volta a reinar na comunidade, e todos usufruem da dinâmica por uma gestão eficiente e serena. Pode-se chamar esse momento de "paróquia enxuta", querendo dizer: sem dívidas a pagar, mas valores a receber.

Sintetizando: o que são exemplos de custos fixos:

A principal característica desse gasto é, na verdade, sua periodicidade: que ocorre todos os meses, independentemente se não houver venda ou prestação e serviços; eles são devidos, e não tem choro [pode-se lembrar dos transtornos no período da pandemia da COVID?].

– Contas de água e de energia elétrica; aluguel e condomínio quando se reside em casa alugada; folha de pagamento; pró-labore; telefonia e internet; material de limpeza; seguro; parcela de empréstimos; serviços de vigilância e segurança; vale transporte etc.

Aprendamos a ter a constância de Cristo. Na visão de curto prazo, Jesus afirma: "Não vos inquieteis, pois, pelo dia de amanhã, porque o dia de amanhã cuidará de si mesmo. Basta a cada dia seu mal" (Mt 6,34).

---

[43] Cf. *https://sebrae.com.br/*. Acesso em março de 2024.

5. ESPIRITUALIDADE: A TRANSPARÊNCIA NA ADMINISTRAÇÃO

Iniciamos com uma longa provocação de Jesus – *usar da riqueza para fazer amigos.*

> Jesus disse aos discípulos: Havia um homem rico que tinha um administrador. Este tinha sido acusado de lhe dissipar os bens. Ele chamou o administrador e disse-lhe: "O que é que ouço dizer de ti? Presta contas porque já não poderás ser meu administrador". O administrador pensou: "O que vou fazer, pois o patrão me tira a administração? Trabalhar na terra... não tenho forças; mendigar... tenho vergonha. Mas já sei o que vou fazer para que, depois de afastado da administração, alguém me receba em sua casa". Convocou cada um dos devedores do patrão. Perguntou ao primeiro: "Quanto deves ao meu patrão?" A resposta foi: "Cem barris de azeite". Disse-lhe ele: "Toma a conta, senta-te imediatamente e escreve cinquenta". Depois perguntou a outro: "E, tu, quanto deves?" A resposta foi: "Cem sacos de trigo". Disse-lhe ele: "Toma a conta e escreve oitenta". O patrão louvou o administrador desonesto por ter agido com esperteza, pois os filhos deste mundo são mais vivos no trato com sua gente do que os filhos da luz. E eu vos digo: Fazei-vos amigos com as riquezas injustas, para que, no dia em que estas faltarem, eles vos recebam nas moradas eternas.
> Quem é fiel no pouco também o é no muito, e quem no pouco é infiel também o é no muito. (...) Nenhum servo pode servir a dois senhores, pois ou odiará um e amará o outro, ou será fiel a um e abandonará o outro. Não podeis servir a Deus e às riquezas (Lc 16,1-13).

O "administrador" era um ecônomo, nascido e crescido para a função – qualificado e treinado – de supervisionar o rendimento de grandes empreendimentos ("Havia um homem rico que tinha um administrador"). Ele tinha um lastro de funções reconhecidas e era capacitado para arrendar terras, conceder créditos, liquidar dívidas e contratar funcionários para as obras do patrão. Era uma pessoa, além de escolhida para o cargo, de confiança do patrão.

Vamos entendendo que não somente administrar, mas também cuidar dos "bens temporais da Igreja" (cf. Cân. 1254) conduz a uma atitude de espiritualidade. Trata-se de desenvolver uma verdadeira mística cristã – dentro da comunidade eclesial – e saber desenvolvê-la, em si próprio e seus colaboradores, nestas tarefas, muitas vezes, insólitas, desgastantes e, por isso mesmo, consideradas de segunda categoria, ao lado do apostolado, propriamente dito[44].

O ecônomo é nomeado com a função de "administrar os bens da diocese, sob a autoridade do Bispo, e com as receitas da diocese satisfazer as despesas autorizadas pelo Bispo ou por outros por ele legitimamente designados" (Cân. 494 – §3).

No livro V – dos bens temporais da Igreja – assim transcreve (Cân. 1254):

> § 1. A Igreja Católica, por direito originário, independentemente do poder civil, pode adquirir, conservar, administrar e alienar bens temporais para prosseguir os fins que lhe são próprios.
> § 2. Os fins próprios são principalmente os seguintes: ordenar o culto divino, providenciar a honesta sustentação do clero e dos outros ministros, exercer obras do sagrado apostolado e de caridade, especialmente em favor dos necessitados.

Em todas as religiões e, de modo especial, com o povo hebreu e cristão, deu-se importância aos aspectos da materialidade na organiza-

---

[44] Cf. Exortação Apostólica *Evangelii Gaudium*, papa Francisco; Carta Apostólica em forma de "motu próprio" do sumo pontífice Francisco sobre os bens temporais, 4.7.2016.

ção do culto divino, com as grandes obras, feitos humanos para a contemplação, glorificação e liturgia das Catedrais, monumentos, obras de arte que constituem o grande acervo artístico e cultural da igreja.

Carecemos, ao lado disso, da espiritualidade. Em nosso caso, voltamos à atenção para a mística e para a contemplação como próprias desse momento na gestão da Igreja.

Em geral, não conseguimos fazer alguma ligação entre empreendedorismo e espiritualidade; gestão e espiritualidade; administração e espiritualidade. A administração sempre foi tratada com frieza e legada aos aspectos materiais, matemáticos e como não próprios para a espiritualidade.

Espiritualidade organizacional é aposta para melhorar ambiente de trabalho. Esse é o princípio da espiritualidade na gestão. Segundo levantamento da instituição, o Brasil é o país mais ansioso do mundo (41% da população) e também o quinto mais depressivo (com 5,8%). A preocupação com a saúde mental se torna um fator de muita atenção e cuidado. Temos feito, na diocese, alguns encontros de orientação com os secretários e funcionários da cúria no sentido de conscientização sobre aspectos psicológicos.

Para evitar o problema, empresas nacionais e do exterior têm adotado uma nova prática denominada "espiritualidade organizacional". Diferente do que o nome possa conotar, ela não está associada às religiões, mas sim a uma filosofia de vida que busca ressignificar a relação entre a empresa e seus colaboradores, entre os funcionários, seus trabalhos e as vidas[45].

O trabalho da secretaria não é tranquilo; exige muito esforço do secretário com relação ao atendimento e à resposta às questões das pessoas. Exigem-se responsabilidade e cuidados especiais o dia inteiro.

Esse procedimento causa muito estresse e, outras vezes, conflito entre "patrão e funcionário", quando não se convive em harmonia

---

45 Cf. *https://cfa.org.br/espiritualidade-organizacional*. Acesso em 22.6.2024.

entre as partes. Entende-se, segundo a doutora em administração Jaqueline Rosa[46], que "Espiritualidade nas organizações é falar de pertencimento ao grupo de trabalho e do significado das atividades como propósito de vida a cada indivíduo. Portanto é de fundamental importância que os gestores se movimentem no sentido de verificar e estimular esses sentimentos de que pertence à organização, bem como o significado do trabalho como propósito de vida".

Podemos, em resumo, apresentar cinco benefícios para assentar a espiritualidade entre os funcionários:

1. Mais engajamento da equipe de trabalho (pastorais). A união das forças dos funcionários da igreja: secretários, faxineiros, sacristão, conselho, agentes de pastorais, pároco etc. Reuniões e encontros comunitários e pastorais dão o toque de assertividade.
2. Sintonia entre valores pessoais e os da igreja. A verificação das leis exige discernimento na administração. A paróquia, quando bem administrada, tem uma planilha de cumprimento de deveres a serem realizados a cada semana ou mês seguidos.
3. Cuidado com a saúde, satisfação e bem-estar no trabalho. Para isso funcionar há a necessidade de uma profunda organização. Nada mais constrangedor que trabalhar em um ambiente de tensão, pressão, cobrança, desentendimento, incerteza, dívida etc. A paróquia desorganizada leva ao conflito constante.
4. Sentimento de utilidade à comunidade. O funcionário é feliz ao trabalhar na paróquia sem aquelas cobranças constantes pressionando os funcionários. Esse fator é decorrente de uma excelente estrutura organizacional.
5. Sentimento de valorização do colaborador. O secretário é feliz e realizado naquilo que faz. Cumpre, a cada dia, as tarefas que lhe são propostas e as cumpre de forma regular.

---

[46] *Idem*. Espiritualidade organizacional é aposta para melhorar ambiente de trabalho; Conselho Federal de Administração.

Sabemos que essa espiritualidade é talhada de condicionamentos estranhos ao cotidiano católico e, principalmente, aos funcionários da cúria. Não temos, historicamente, uma prática de atenção à secretaria paroquial. Sempre foi deixada de lado como uma segunda opção ou uma necessidade sem muita importância. Essa filosofia tem mudando nessas últimas décadas e, hoje, entende-se a secretaria como uma chave para se adentrar na estrutura paroquial.

Em geral, como temos acompanhado, outrora as falas a respeito da secretaria estavam sempre na linha do acolhimento e do comportamento social. O entendimento era de que a secretaria deveria ser luxuosa, ampla e acolhedora com cafés e quitutes à disposição dos fiéis (clientes), mas descobriu-se que a questão deve estar na administração assertiva, não somente no acolhimento.

Autores afirmam que “a rápida evolução da administração e uma série de legislações muito específicas acerca do modelo gerencial, contábil e de prestação de contas, exigem balizas éticas não só fundadas na consciência individual, mas também na aplicação de instrumentos técnicos capazes de indicar, tanto ao interno como ao externo da comunidade de fé, a vivência coerente entre a verdade da consciência de fé e as ações de gestão” (Rosimar da Silva Aguiar).

O compromisso de transparência na gestão é uma forma pertinente de espiritualidade como missão do secretário e demais envolvidos na administração paroquial, inclusive o pároco. Essa gestão existe para gerenciar os bens da comunidade diocesana. “No Brasil, a ideia de governança pública ainda está em desenvolvimento, já que nossa democracia é muito jovem.” Isso representa uma dificuldade extra para se lidar com as mudanças que surgem a cada ano. É nesse momento que o conceito de “accountability” torna-se útil para orientar práticas de gestão.

Na linguagem paroquial, a “accountability” entra como um conjunto de práticas de fiscalização, ou seja, a transparência é uma condição para que os paroquianos saibam de quem cobrar (padre ou pároco ou CAEP). De certo, esse modo de gerenciar exige uma perfeita gestão na vida paroquial.

A espiritualidade vem dar suporte a esse processo pastoral. Não estamos falando sobre missa e práticas de espiritualidade intimistas, mas sim sobre uma mística que envolva os sentimentos de pertença à comunidade e o trabalho de pastoral como uma forma de se cuidar do "Corpo místico de Cristo"[47].

Tomás de Aquino, em sua obra, *Suma Teológica*, recorda que os bens temporais são meios para buscar o bem eterno, e o principal critério é utilizar os bens com o desapego. Para atingir esse fim, não é necessário renunciar totalmente ao mundo, uma vez que, com a encarnação e redenção, foi remido e se pode chegar à bem-aventurança eterna utilizando os bens terrestres, com a condição de que não se faça deles o fim de sua existência (cf. ST 1ª 2ae q.108 a.4).

A Regra de São Bento estipula que os monges, tendo feito votos de pobreza, devam evitar os bens pessoais. "Sem uma ordem do abade, ninguém pode presumir dar, receber ou reter algo como seu, absolutamente nada – nem um livro, tábuas de escrever ou caneta – em suma, nem um único item... Seja tudo comum a todos, como está escrito, nem diga nem tenha alguém a presunção de achar que alguma coisa lhe pertence. Se for surpreendido alguém a deleitar-se com este péssimo vício, seja admoestada primeira e segunda vez, se não se emendar, seja submetido à correção" (Regra, 33).

Apreciemos uma espiritualidade por uma vida simples na comunidade paroquial. As paróquias precisam aprender a lição sinodal. Por vezes, há muito luxo litúrgico dos padres e poucos pobres a seu redor. Os padres e as religiosas precisam de menos internet e mais adoração. "A última luz da noite deve ser a do sacrário" (D. Aldair). As paróquias precisam ser mais moderadas, economicamente, para auxiliar as mais empobrecidas.

---

[47] Cf. 1Cor 12,12-14, em que Paulo descreve a Igreja como o corpo de Jesus Cristo, sendo o próprio Cristo a Cabeça.

5.1. A mística nas questões financeiras

James C. Hunter registrou, no início de seu livro, *O Monge e o Executivo*: "Ninguém mais é responsável por minha partida. Olhando para trás, acho quase impossível acreditar que eu - um superocupado gerente-geral de uma grande indústria - tenha deixado a fábrica para passar uma semana inteira em um mosteiro ao norte de Michigan. Sim, foi isso mesmo. Um mosteiro autêntico, cercado por um belíssimo jardim, com frades, cinco serviços religiosos por dia, cânticos, liturgias, comunhão, alojamentos comunitários" (p. 3)[48].

É chegado o momento de se deter um pouco para observar e sentir. Vamos deixando de lado os sentidos que nos conectam com a vida; mais ansiosos e insuportáveis. As tarefas da igreja começam a cansar. Os compromissos financeiros, para colocar a paróquia no eixo, deixam-nos preocupados. O compromisso diário, o atendimento, as contas que não dão sossego começam a nos irritar.

Quem consegue fazer esse diagnóstico pessoal, sem o auxílio de outrem, está no caminho certo. De certo, exige muita disciplina e dedicação ao ministério para se cumprir com as obrigações no prazo certo. Assim, prazos para contestar, apelar, indicar provas a produzir seriam definidos como processuais, bem como na contabilidade, nas contas a pagar etc. O filósofo coreano, Byung-Chul Han, mostra que a sociedade do cansaço é repressora... resultado do excesso de cobrança que a sociedade impõe; mas temos de caminhar[49]!

---

48 Hunter, C. J., *O Monge e o Executivo* – uma história sobre a essência da liderança, editora Sextante, 2004, 14ª edição, 101 páginas. Nota geral. "Você está convidado a se juntar a um grupo que, durante uma semana, vai estudar com um dos maiores especialistas em liderança dos Estados Unidos. Leonard Hoffman, um famoso empresário que abandonou sua brilhante carreira para se tornar monge em um mosteiro beneditino, é o personagem central dessa envolvente história criada por James C. Hunter para ensinar, de forma clara e agradável, os princípios fundamentais dos verdadeiros líderes."

49 Han, Byung-Chul. *Sociedade do Cansaço*; tradução de Enio Paulo Giachini. Petrópolis, RJ. Vozes, 2015. "A sociedade do cansaço, enquanto uma sociedade ativa, desdobra-se lentamente em uma sociedade do *doping*. Nesse meio tempo, também a expressão negativa "doping cerebral" é substituída por "neuro-enhancement" (melhoramento cognitivo). O *doping* possibilita, de certo modo, um desempenho sem desempenho" (p. 87).

Mais que uma espiritualidade de acordo com aquilo que se entende sobre ela, carece de uma mística que nos movimente para frente dando sentido ao caminhar e aos desafios da vida paroquial. Sabendo que os compromissos de manutenção de uma igreja são constantes, vem a necessidade de nos sedimentar com ideias e convicções que vão além das orações do cotidiano.

Agora não bastam, tão somente, a missa e os devocionais da paróquia. Queremos dar conta de tudo, como se fôssemos bastante fortes para tudo suportar na tranquilidade.

Outro autor que nos liga a essa fase de encontro sobre a mística nas questões financeiras é Spencer Johnson. Seu livro motivacional, "quem mexeu no meu queijo", apresenta uma parábola envolvendo quatro personagens: dois ratinhos, Sniff e Scurry, e dois "duendezinhos", Hem e Haw[50].

O texto fala de um labirinto onde os ratos se encaminham à procura do queijo apetitoso devido a seu cheiro característico. O "labirinto" na história representa o lugar onde se gasta tempo procurando o que se quer: a organização em que trabalha, a sociedade em que vive ou os relacionamentos que tem na vida. Você se envolve tanto que não percebe mais perigos a sua frente. Todos nós trabalhamos e vivemos em tempos de mudança, por isso estão sempre mexendo em nosso "queijo".

Os livros apresentados nos dão a indicação de que necessitamos da descoberta da mística para avaliar nosso caminho de disciplina e de organização. A vida paroquial é cheia de colóquios que, por vezes, se tornam ameaçadores.

---

[50] Spencer Johnson, *Quem Mexeu no meu Queijo*, Record Editora, 107 páginas, 1998. O queijo é uma metáfora daquilo que se deseja ter na vida, seja um bom emprego, um relacionamento amoroso, dinheiro, saúde ou paz espiritual. O labirinto é o local onde as pessoas procuram por isso: a empresa onde se trabalha, a família ou a comunidade na qual se vive. Nesta história, os personagens se defrontam com mudanças inesperadas. Um deles é bem-sucedido e escreve o que aprendeu com sua experiência entre as paredes do labirinto.

A vida agitada de um gestor – padre, religiosa ou secretário – pode se tornar uma ameaça à saúde emocional dos envolvidos. Não é uma questão de espiritualidade, pois os três poderão estar bem integrados na comunidade, participando dos sacramentos e tendo uma vida apostólica abundante; essa não é a questão.

A mística nos ensina e nos conduz ao recolhimento, uma maneira fantástica de lidar com as mudanças no trabalho e na vida. Nossas ações, por vezes, passam por um labirinto, procurando pelo "queijo", uma metáfora para o que queremos ter na vida: emprego, relacionamento, dinheiro, casa grande, liberdade, saúde, reconhecimento, paz espiritual, finanças sanadas, paróquia equilibrada, as dívidas pagas, dízimo com sucesso ou, até mesmo, uma atividade como corrida ou futebol.

Esse estágio carece de uma tomada de decisão: preciso mudar! Muitas vezes, não é uma simples questão de finanças, mas de atitude de vida, como, por exemplo: perder peso, ser educado no trato com as pessoas, recuperar a autoestima, posicionar-se diante do modo de ver as coisas, de como se compreende diante do mundo, da presença na comunidade etc.

A paróquia e/ ou o convento é um labirinto como no livro. Todos os dias os ratos saíam de suas pequenas casas e corriam para o labirinto à procura de seu queijo favorito. O labirinto era um emaranhado de corredores e divisões, algumas contendo um queijo delicioso. Mas também havia cantos escuros e becos sem saída. Era um lugar fácil para se perder.

Analogamente nossos queijos são nossas pastorais com algumas mais favoritas que outras. Com o passar do tempo, vamos observando que ele está acabando... Começa aparecer o desespero, e a espiritualidade não lhe dá mais o suporte necessário para a procura do queijo que, agora, começa a faltar.

Descobre-se a ilusão da rotina, e tudo parece opaco e sem brilho. Os dias mais ensolarados vêm, e começa o processo de uma secura sem-fim. Dias nublados são como contas a pagar e dívidas a serem sanadas. Na maioria das vezes, fazemos planos para o futuro baseado naquele queijo à disposição.

Vamos nos esquecendo do evangelho e do seguimento a Jesus Cristo, devido a nossos queijos de estimação. Caímos na ilusão supersticiosa de que tudo está bem; não temos mais ideia de como começar de novo. Com isso, vamos repetindo a mesma ladainha e sem pressa para colocar o fim. Os boletos chegam, e os meses passam, e as dívidas aumentam...

Aparece, enfim, uma frase motivadora: "Quanto mais importante seu queijo é para você, menos você deseja abrir mão dele"! E assim vai...

5.2. A necessidade de logística

O que percebemos a respeito dos serviços da igreja: existe falta de logística nos trabalhos eclesiais. O povo deseja colaborar, mas, quando não se tem a organização como ponto de partida, tudo fica "meio feito" e os trabalhos não prosperam. Por menor que seja a "promoção", deve haver uma atenção à logística, cujo objetivo é atender aos requisitos do fiel/cliente de maneira oportuna e econômica. Logística é a área da gestão responsável por planejar, programar e controlar o fluxo de bens, serviços e informações de uma igreja ou organização. É responsável pela aquisição, movimentação, armazenamento e entrega de produtos, tendo nascido da eliminação de falhas no fornecimento de produtos visando à condição mais favorável para toda a operação. Essa palavra, de origem grega *logistikos*, significa "habilidoso em calcular". Na prática, refere-se ao processo de planejamento, implementação e controle do fluxo de materiais, informações e recursos financeiros desde o ponto de origem até o ponto de consumo, para atender às necessidades do cliente de forma eficiente e eficaz[51].

A logística traz muitos benefícios à comunidade e é uma resposta às necessidades imediatas de seu atendimento. A palavra, tomada do mundo dos negócios, tem entre os benefícios: redução de custos, melhoria da qualidade do serviço, aumento de produtividade e ampliação do mercado/pastoral/movimento. Portanto é a área responsável por planejar, programar e controlar a entrada de bens, serviços e informações de uma comunidade bem organizada. Faz parte da vida cotidiana, igual a quando fazemos alguma compra... Quando esta chega a casa, é guardada em um local já destinado, no caso da logística, no estoque, e, depois, é consumida de acordo com a demanda da família.

A logística, que move o mundo organizacional, é, sem dúvida, um motor da vida comunitária. Sem suas diferentes operações, teríamos uma vida muito mais restrita no dia a dia. A comunidade, quando deseja se organizar, necessita daqueles instrumentos indispensáveis para uma boa gestão. Podemos imaginar o "mundo" financeiro nessa perspectiva de organização?

Muitas vezes, oferecemos e chamamos atenção às oportunidades de colaboração da comunidade, mas não oferecemos a logística do atendimento. Com isso, sempre, perdemos oportunidades. A logística é entendida, neste caminho: do gerenciamento do fluxo de materiais de seu ponto de aquisição até seu ponto de consumo. É esse o caminho que nos interessa.

A igreja tem muita dificuldade em entender essa dinâmica. Fazemos muitos trabalhos na comunidade, mas com pouca revisão, e isso pode causar o desânimo nas lideranças.

Vemos e conhecemos aqueles famosos "recados" no fim da missa, que pode ser um momento importante para a logística, mas também uma perda de tempo, se feito de forma desorganizada. Na

---

[51] Cf. *https://mundologistica.com.br/*. Acesso em 4.5.2024.

comunidade, nenhum trabalho é pequeno, todos são importantes, por isso a necessidade de uma logística para promover as ações e obter resultados. Esse é um processo necessário de um planejamento cuidadoso e eficiente para todas as atividades da pequena comunidade eclesial. Nada fica sem contemplação.

Como todas as atividades são importantes, ficam as perguntas: quem fará isso ou aquilo? Como será feito? Quem ficará responsável? Qual será nosso procedimento e o encaminhamento? Como vamos realizar a ação que foi proposta? Como apresentaremos os resultados à comunidade? Depois de todas as ações, seria interessante o momento da revisão.

A logística poderá ser empregada em todo e qualquer processo e atividade de pastoral. Por exemplo: reposição de estoque, encontro de noivos, quermesse, curso de batismo, promoções beneficentes, catequese, reuniões diversas etc.[52]

Então vem a ação do conselho de pastoral ou dos gestores da comunidade (os agentes pastorais)! Com metas definidas, as equipes de logística podem apostar no novo, na mudança e buscar novas formas de fazer o trabalho gerando melhores resultados e alavancando as ações de pastoral.

Sucesso alcançado!

> Tudo o que fizerem, façam de todo o coração, como para o Senhor, e não para os homens, sabendo que receberão do Senhor a recompensa da herança. É a Cristo, o Senhor, que vocês estão servindo (Colossenses 3,23-24).

[52] Cf. Ballou, Ronald. *Logística empresarial*. São Paulo: Atlas, 2001.

CONCLUSÃO

Vamos fazer uma conclusão em forma de indicar alguns tópicos que ficaram deficientes no transcorrer dessas páginas, por falta de espaço, para não alongar as descrições e não cansar o leitor. Nosso livro é mais na linha indicativa que descritiva.

Nem sempre terminamos, ao todo, qualquer livro. Sempre ficarão aqueles pontos que aparecerão, mais tarde, ao se fazer a releitura. A leitura dará continuidade ao texto lido. A leitura é dinâmica e caminhante. Sempre oferece as ideias e a necessidade de se colocar em prática o que se leu e acrescentar outros tópicos que parecem interessantes para completar o conteúdo lido. Cumpriu, assim, sua missão... Outros continuarão.

Sobre a aplicação do conceito – gestão, finanças, contabilidade e economia –, no âmbito de gestão, o Código de Direito Canônico (1279 § 1-2) adverte e ilustra o seguinte:

> (§1): A administração dos bens eclesiásticos compete a quem imediatamente governa a pessoa à qual pertencem esses bens, a não ser que outra coisa se determine no direito particular, nos estatutos ou legítimo costume, e sem prejuízo do direito do Ordinário de intervir em caso de negligência do administrador.
> (§ 2): Para a administração dos bens de uma pessoa jurídica pública, que, pelo direito, pelo documento de fundação ou pelos próprios estatutos, não tenha administradores próprios, o Ordinário, a quem essa pessoa está sujeita, escolha, por um triênio, pessoas idôneas, as quais podem, de novo, ser reconduzidas pelo Ordinário.

As ideias do Direito Canônico nos dão segurança do caminho certo para onde se leva a igreja, ao encontro da sociedade: obedecer à legislação.

Como nos adverte D. Oriolo, os "alertas para a boa gestão de nossas cúrias diocesanas" (p. 61), incluem, assim: Lei Geral, Lei de Proteção de Dados, Lei de Responsabilidade Fiscal, Lei de Responsabilidade Civil e Princípio de Entidade e Finalidade. "O patrimônio e os recursos de dioceses e paróquias não pertencem ao bispo e ao clero, mas à Igreja, que é uma instituição reconhecida e protegida por lei" (p. 64).

Nosso livro tem a intenção de recomendar o olhar para a questão administrativa na comunidade paroquial e casas religiosas. Esse trabalho poderá ser feito, inicial e proeminentemente, pelo pároco/ pela religiosa como pelo primeiro responsável (o bispo diocesano) e pelo conselho de assuntos econômicos (CAEP) da comunidade coadjuvados pelo pároco local.

Carecemos de encontros de formação com os secretários das paróquias, funcionários importantes nesse setor de colaboração na gestão. Eles têm a função de gerenciar o setor ou departamento financeiro da paróquia, enquanto o escritório contábil tem a função de organizar e demonstrar a movimentação financeira da paróquia. Ambos são lugares de transparência na administração.

Com essa estrutura, decerto, a comunidade irá caminhar segura em sua administração. Sabemos que muitas comunidades encontram algumas dificuldades no setor administrativo/financeiro. Observando e examinando as razões, conclui-se que a falta de estrutura e gerenciamento organizacional leva aos desencontros próprios.

Indicador financeiro

Falemos mais uma vez sobre finanças de forma simples e pastoral. A estratégia é simples, mas complexa para quem vive ansioso e sonhando o que não pode ter, mas insiste em fazer as coisas erradas tentando se adaptar a sua maneira, imaginando estar acertando a direção.

No mundo dos negócios precisamos, às vezes, dar dois passos para trás para se acertar. Não é um retrocesso; é uma questão de estratégia/logística administrativa. Já se ouviu dizer comentários sobre aquele negócio precipitado e malfeito? Pois é. Estava ali a indicação de que, se houvesse serenidade e menos pressa, tudo seria resolvido da melhor maneira possível. Em caso de negócios, não se faz com precipitação. Tudo deve ser avaliado com tempo e suficiência de caixa. Um caixa insalubre não poderá dar segurança em qualquer negócio.

Os indicadores financeiros revelam como anda a saúde financeira da paróquia, casa ou empresa, se está no caminho do crescimento e do lucro ou se precisa ser vista a trajetória do negócio. Como estamos pensando em negócios, eles mostram o quanto a paróquia faturou, investiu e lucrou; qual foi o impacto dos custos, quais investimentos foram mais rentáveis e vários outros resultados que guiam a gestão financeira. Quando acompanhados de perto, trazem um diagnóstico completo da saúde financeira da igreja e ajuda a tomar decisões mais certeiras.

Perguntamos:

Qual é o custo da paróquia, congregação, casa ou empresa? Muitas paróquias tem um custo elevado para se manter. Talvez haja a necessidade de se enxugarem alguns gastos que são desnecessários.

Por que usar indicadores financeiros? Eles são nossos espelhos de valores. Aqui não adianta sonhar e querer o que não se pode comprar. Com isso em vista, nada de empréstimos!

Na maioria das vezes, a ansiedade toma conta do gestor e parte para negócios descabidos para o momento. A falta de paciência econômica, de informação do CAEP, do exibicionismo religioso prejudicam a gestão e levam a comunidade a se envolver em despesas por anos a fio (haja vista os empréstimos/financiamentos bancários por longos meses).

O que se aconselha?

Monitore seus indicadores financeiros com a "Conta Azul", isto é, com dinheiro no banco (poupança ou aplicação). Pode-se perguntar: neste fim de ano, a conta entrou no vermelho? Se sim, está péssima a gestão! Precisa fechar a torneira e consertar seu indicador econômico. Para isso nada melhor que um planejamento junto ao CAEP, isto é, com todos trabalhando juntos para sanar o malefício pastoral.

Trabalho em parceria

Quando se trabalha em parceria tudo dá certo no fim do ano. O gestor vai contabilizando suas entradas e saídas. Os gastos são supervisionados e analisados de forma a equilibrar as despesas. O secretário entra como iluminação no negócio e tem de conviver com a harmonia da vida paroquial.

Quando se trabalha em parceria, os interessados atuam de maneira colaborativa. Entende-se que é preciso haver a junção de esforços, cooperação e troca de conhecimento para superar adversidades e chegar aos resultados com eficiência. Podemos falar, também, em "comunhão" e "participação". Tempos atrás, usava-se, bastante, essa expressão advinda do documento de Puebla[53].

Como se estimula esse trabalho de conscientização na comunidade? Por meio de reuniões e de encontros de formação, que são de extrema urgência. Conhecemos comunidades emperradas por ter, em sua direção, lideranças enferrujadas e que não parti-

---

[53] A segunda chave de leitura proposta para a ação na e pela Igreja foi "Comunhão e Participação" enquanto realidade a ser conquistada (Doc. de *Puebla* 570, 588, 639, 1113, 1165).

cipam da vida paroquial e diocesana, por se acharem "formadas" e suficientes em tudo.

Enfim, falamos de comunidade inclusiva, em que todos são importantes para reflexão, e cada um, de seu modo, contribui para o crescimento da comunidade.

Formação dos seminaristas

Em março de 2024, juntamos todos os nossos seminaristas dos cursos de filosofia e teologia para cinco dias de oficinas formativas, tendo a questão da administração e gestão paroquial como foco de atenção. No seminário, não se ensina suficientemente essas questões, que são transtornos para os novos padres quando assumem uma paróquia depois da ordenação.

Vários padres formadores e pedagogos se uniram para a formação e orientação dessas oficinas. Os assuntos foram: comunicação; gestão; economato; contabilidade; administração; direito canônico; função da cúria diocesana; visita aos funcionários da cúria, que exercem um papel importante na administração; visita ao escritório contábil, para se apreciar a dinâmica da contabilidade das paróquias; visita ao tribunal eclesiástico, com sua visibilidade no trato com as questões de direito; almoxarifado da cúria, em que se arquivam a parte documental; setor da advocacia da diocese; palestras sobre gestão; economato; perfil administrativo; momento de espiritualidade e convivência entre outros padres que se fizeram presentes.

Esses dias de formação, na ação, deu aos seminaristas uma visão do que seja a dinâmica da diocese naquilo que ela tem como administração e serviço para as comunidades paroquiais.

Foi, também, averiguada a função de cada membro do conselho de presbíteros, os vigários episcopais, o vigário-geral, a função do ecônomo diocesano, o escritório jurídico para o cuidado com as situações mais emergentes que envolvem as questões com a lei civil etc.

Os seminaristas se sentiram surpresos com a quantidade de informação à disposição e que, em geral, se desconhece por completo. O futuro padre deve conhecer seu futuro ambiente de trabalho naquilo que envolve a administração. Normalmente se ficam imaginando as celebrações da missa e dos sacramentos etc.

A vida paroquial é crivada de situação organizativa, e muitos padres desconhecem seus direitos e deveres inerentes ao Código de Direito Canônico. Muitos desânimos são decorrentes de um sonho irreal que se vive e se alimenta no seminário como se o ser padre fosse o máximo das tarefas a serem desempenhadas no ministério presbiteral.

As irmãs religiosas

Nosso livro, também, deseja contemplar as irmãs religiosas que se organizam em suas casas de formação, seus conventos e mosteiros. Em cada um desses espaços, existe uma religiosa chamada de ecônoma do convento, da congregação ou da província.

É um árduo trabalho em benefício do cuidado administrativo da referida casa. Poucas têm o tino da administração. No entanto seus bens devem ser cuidados com o mesmo zelo do bom pastor. Como nos lembra Paulo: atividade e encargo (cf. 1Tm 1,3-4; Cl 1,24-25).

Os mosteiros e as congregações femininas têm muitos bens que devem ser cuidados e administrados por pessoas zelosas e competentes. A riqueza e bens acumulados, por séculos, devem ser vistos como patrimônios inalienáveis.

A intenção e o objetivo de uma organização

Poucas são as instituições religiosas – ao menos no passado – que discutem com seus membros ou associados o orçamento financeiro de entradas e de saídas. Trabalhar seriamente esse quesito garante que todos se comprometam com os projetos e as ações que serão desenvolvidos e assim garantam os recursos necessários para que aconteçam.

Para cuidar desse patrimônio, exige-se um/a administrador/a com competência para gerir esse arcabouço de valores. Para os ecônomos/as, exige-se a terminologia de "servidores" [*hyperetas*] de Cristo e "mordomos" [*oikonomos*] dos mistérios de Deus.

Assim se completa, nessa tarefa, como missão cristã cuidar dos bens materiais, que servirão de sustento para a vida religiosa das novas gerações no país. Por outro lado, encontrando-se muitas dificuldades no aumento das vocações (masculina e feminina), carece de mais cuidado e zelo pelos bens adquiridos e ganhos com tanto esforço. Há urgência de se informar as postulandas e noviças dessa necessidade. A administração deve ser um imperativo na formação da religiosa.

Igreja sinodal

A estratégia eclesial é caminhar "Por uma Igreja sinodal: comunhão, participação e missão" e realizar, a partir disso, sua gestão. A vida financeira domina o cenário de igreja nesses últimos anos. Não há como ficar indiferente ao que acontece a nosso redor. As carências são enormes, mas a necessidade de organização se faz urgente.

Sabemos que a missão da Igreja é a de "salvar almas", mas precisamos curar os corpos doentes e feridos daqueles que rastejam na sociedade em busca de comida e de pão. "Não se pode tolerar mais o fato de se lançar comida no lixo, quando há pessoas que passam fome. Isto é desigualdade social" (Exortação Apostólica, *Evangelii Gaudium*, 53).

Hoje, tudo entra no jogo da competitividade e da lei do mais forte, em que o poderoso engole o mais fraco. Sabemos, também, que a obra social transforma a sociedade, pois o mundo está lotado de desafios e, por vezes, não damos conta de sanar as dificuldades.

A Exortação do papa Francisco alerta igualmente sobre

> A crise financeira que atravessamos faz-nos esquecer que, na sua origem, há uma crise antropológica profunda: a negação da primazia do ser humano. Criamos novos ídolos. A adoração do antigo bezerro de ouro (cf. Ex 32,1-35) encontrou uma nova e cruel versão no fetichismo do dinheiro e na ditadura duma economia sem rosto e sem um objetivo verdadeiramente humano. A crise mundial, que investe as finanças e a economia, põe a descoberto os seus próprios desequilíbrios e, sobretudo, a grave carência duma orientação antropológica que reduz o ser humano, apenas, a uma das suas necessidades: o consumo (EG, n. 53-55).

Em *Fratelli Tutti* (o destaque fica para os aspectos do capítulo I), acenando as "sombras de um mundo fechado" (cf. FT, n. 9-55).

Necessitamos, com urgência, de pessoas que apoiem um economato de eficiência em nossas paróquias, congregações, nossos conventos e nossas dioceses. Os bens da Igreja são inalienáveis e carecemos deles para sua manutenção que, por vezes, são incômodos na administração.

A Igreja promoveu, em maio de 2024 (14-16, em Brasília), o primeiro encontro/seminário de ecônomos. "Estaremos dando um testemunho porque, quando temos uma gestão organizada, nós sinalizamos para a prática da coerência com a Palavra de Deus. Assim estaremos dando suporte à missão pastoral e ao anúncio da Boa Nova" (Mon. Nereudo F. Henrique, CNBB).

A missão, em nosso sentido, é o "modo de governar a igreja" nesse cenário de sínodo e pós-sínodo. Vamos tateando à procura do caminho certo, adotando aquele espaço para nos sentirmos confortáveis diante dos desafios das leis e normas vigentes no que tange à administração dos bens da diocese.

Vamos entabulando um diálogo de "escuta no Espírito" para enfrentar os desafios na governança da igreja. É o caminho sinodal no qual todos devem trilhar. "A conversa no Espírito encontramos um caminho participativo orientado para a comunhão e a renovação da missão, que incentiva a participação de todos e acolhe na comunhão e na unidade a grande diversidade que todos somos" (Papa Francisco)[54].

O papa, na *Evangelii Gaudium*, já alertava sobre a situação, sobre os desafios do mundo atual[55], os quais nos chamam atenção.

> A humanidade vive, neste momento, uma viragem histórica, que podemos constatar nos progressos que se verificam em vários campos. São louváveis os sucessos que contribuem para o bem-estar das pessoas, por exemplo, no âmbito da saúde, da educação e da comunicação. Todavia não podemos esquecer que a maior parte dos homens e das mulheres do nosso tempo vive o seu dia a dia precariamente, com funestas consequências. Aumentam algumas doenças. O medo e o desespero apoderam-se do coração de inúmeras pessoas, mesmo nos chamados países ricos... (EG, 52).

---

[54] Pe. Juan Antonio Guerrero Alves, SJ; Pe. Óscar Martín López, SJ. *Conversa no Espírito: discernimento e sinodalidade*. Edições CNBB, 2023, 116 páginas. Esse livro trata da conversa no Espírito, a metodologia adotada no caminho sinodal iniciado pelo Papa Francisco em 2021. Os autores oferecem referências históricas e reflexões espirituais sobre a profundidade do método de escuta, no qual o Espírito Santo é o protagonista. A conversa no Espírito, o discernimento e a sinodalidade não são, portanto, atitudes individuais, mas uma experiência pessoal, comunitária e eclesial, que envolve "unir-se em um mesmo caminho comum". O prólogo, escrito pelo Papa Francisco, parabeniza a obra como um valioso material de preparação para a Assembleia Sinodal (da *descrição*).

[55] Cf. Capítulo II – *na crise do compromisso comunitário*. Os destaques: I. Alguns desafios do mundo atual [52]; não a uma economia da exclusão [53-54]; não à nova idolatria do dinheiro [55-56]; não a um dinheiro que governa em vez de servir [57-58]; não à desigualdade social que gera violência [59-60]; alguns desafios culturais [61-67]; desafios da inculturação da fé [68-70]; e desafios das culturas urbanas [71-75].

Termina o parágrafo lembrando a necessidade de escuta sobre a mudança de época e anota que "foi causada pelos enormes saltos qualitativos, quantitativos, velozes e acumulados que se verificam no progresso científico, nas inovações tecnológicas e nas suas rápidas aplicações em diversos âmbitos da natureza e da vida. Estamos na era do conhecimento e da informação, fonte de novas formas dum poder muitas vezes anônimo" (*idem*).

Enfim, fizemos o esforço de apresentar um plano de ação/estudo/leitura e de reflexão sobre a necessidade de se formar lideranças construtivas para a administração da igreja diocesana, congregacional, conventual e paroquial. Fomos delineando os temas passando pela conscientização do que seja a igreja, a diocese, o bispo, as leis que administram a e governam a igreja. Fizemos algumas paradas em temas e propostas de gestão (modelos). Indicamos alguns caminhos de orientação. Atiçamos a necessidade de se formar e orientar as novas vocações, os secretários das paróquias e os conselhos econômicos para a tomada de posição diante da administração da entidade religiosa. O serviço da secretaria carece de pessoas competentes (profissional) e que tenham gosto e zelo pelo trabalho comunitário.

A ordem da contabilidade evidencia o cuidado essencial na administração. A formação desses funcionários requer tempo e disposição para o estudo. O acompanhamento, o cuidado com a prestação de contas, o lançamento dos documentos e das notas fiscais, para transluzir uma contabilidade em equilíbrio e contínuo zelo, fazem da secretaria o espaço da transparência.

"Os primeiros convocados a abraçarem essas transformações são, justamente, os gestores cristãos que trazem consigo a missão de governar, ensinar e pastorear e que carregam uma bagagem de experiência profunda no tocante à espiritualidade e formação religiosa adquirida durante anos de vida no seminário", escrevia acima na introdução.

O escritório contábil se abastece de dois subsídios: o fluxo de informação documental, fornecido pelo interessado, e o produto financeiro. Esses são as matérias-primas da logística confiável da gestão. Esse procedimento leva à gestão financeira como uma das principais preocupações que um empreendedor deve ter para garantir o sucesso de seu negócio a longo prazo.

Nosso livro traduz uma carência que sentimos nesse despertar para as questões de transparência, gestão, auditoria, governança e cuidado com o setor de finanças da entidade religiosa. Convocamos a esse mutirão de abertura para a formação, para a decisão de cuidar mais e melhor das "coisas de Cristo" como nos chama atenção o apóstolo Paulo.

Enfim, uma palavra de confiança:

A importância da confiança é inegável, pois é por meio dela que estabelecemos conexões genuínas com outras pessoas, permitindo-nos compartilhar sentimentos, expectativas e informações com segurança. Quando confiamos em alguém, sentimo-nos mais seguros para sermos vulneráveis e expressarmos nossas opiniões e necessidades[56].

---

[56] *https://aithor.com/pt-br* Acesso em maio de 2024.

REFERÊNCIAS

DALL'Ó, Antônio. *Gestão Eclesial paroquial à luz do conceito de igreja em saída*: Editora Dialética. 2022. Porto Alegre, 2020. https://tede2.pucrs.br

MURADE, Afonso. *Gestão e Espiritualidade.* Edições Paulinas, 252 páginas, 1ª edição, 2012.

GASQUES, Jerônimo. *Diaconia do Acolhimento.* Paulus Editora, 2020, 2ª edição.

_____. *A Pessoa do Ministro*. Edições Loyola, 2024, 216 páginas.

ORIOLO, Dom Edson, *Cúria Diocesana – gestão organizacional.* Paulus Editora, 2022, 133 páginas.

_____. *Cúria Diocesana – gestão organizacional.* Paulus Editora, 2022, 133 páginas.

LORSCHEIDER, Aloysio. *Identidade e espiritualidade do padre diocesano.* Editora Vozes, 2007, 3ª edição, 110 páginas.

VIDA PASTORAL. VV.AA. Pe. Bassani. Paulus Editora. Revista n. 252.

LIBÂNIO, João Batista. *Cenários da Igreja*. Loyola, 1999, 199 páginas.

STONER, James A. F. *Teoria Geral da Administração*. São Paulo: Makron Books, 1999, p. 5.

_____. James A. F. Administração. 2ª edição. ed. Trad. José Ricardo Brandão Azevedo. Rio de Janeiro: Prentice-Hall, 1985. 464 p.

NEVES, Rogério A. *O pároco e o Tríplice Múnus no Código de Direito Canônico*. TQ 33 (2018/1) 119-153 (2018: revista teologia em questão).

AQUINO, Tomás. *Suma Teológica*, 1ª 2ae.

HUNTER, C. James. *O Monge e o Executivo: uma história sobre a essência da liderança*. Editora Sextante, 2004, 14ª edição, 144 páginas.
HAN, Byung-Chul. *Sociedade do Cansaço*. Tradução de Enio Paulo Giachini: Petrópolis, RJ. Vozes, 2015, 136 páginas.
JOHNSON, Spenser. *Quem Mexeu no meu Queijo*. Record Editora, 108 páginas, 1998.
BALLOU, Ronald. *Logística empresarial*. São Paulo: Atlas, 2001.
ALVES, Pe. Juan A. Guerrero. Pe. Óscar Martín López, SJ. *Conversa no Espírito*: discernimento e sinodalidade. Edições CNBB, 2023, 116 páginas.

Referências do Magistério da Igreja

FRANCISCO, Papa. Exortação Apostólica - *Evangelii Gudium* (24.11.2013).
_____. Carta encíclica - *Fratelli Tutti* (3.10.2020).
_____. Exortação Apostólica - *Gaudete et Exsultate* (19.3.2018).
_____. Constituição Apostólica - *Sacrae Disciplinae Leges* (25 de janeiro de 1983).
DOCUMENTO DE APARECIDA (13-31 de maio de 2007): Edições CNBB.
CONFERÊNCIA NACIONAL DOS BISPOS DO BRASIL. Documentos da CNBB - 100. *Comunidades de Comunidades:* uma nova paróquia. 52ª assembleia geral, Aparecida, SP, 30 de abril a 9 de maio de 2014. Paulinas, 1ª edição.
_____. N. 109. Diretriz Gerais (2019-2023).
CÓDIGO DE DIREITO CANÔNICO. 3ª edição (revista e atualizada). Conferência Nacional dos Bispos do Brasil: Edições CNBB, 2023, 386 páginas. Livro V - DOS BENS TEMPORAIS DA IGREJA - Cânones 1254-1310.

MANUAL DE PROCEDIMENTOS ADMINISTRATIVOS: Edição CNBB, 2010.
CONCÍLIO VATICANO II. Constituição dogmática: *Lumem Gentium*. 21.11.1964.
CATECISMO DA IGREJA CATÓLICA: Edições da CNBB. 5ª edição, 2022.

Sites consultados

http://www.cnbb.org.br
https://osaopaulo.org.br/brasil
http://repositorio.aee.edu.br/bitstream/aee
http://www.toledoprudente.edu.br/blog-de-ciencias-contabeis
https://www.dicionariofinanceiro.com/gestao
https://www.portalinsights.com.br
https://diocesedecolatina.org.br/org.br/
(pastoral-da-acolhida-e-da-visitação).
https://fasbam.edu.br/ Faculdade são Basílio Magno.
https://tq.dehoniana.com/tq
https://sebrae.com.br
https://eclesial.theos.com.br
https://www.contadoragora.com/contabilidade-de-igreja
http://www.fea.usp.br
https://blog.contmatic.com.br
https://www.serasaexperian.com.br
https://www.philosgs.com/noticias
https://www.migalhas.com.br
https://www.philosgs.com/noticias
https://www.robertwalters.com.br
https://actioncoachsc.com.br
https://crescimentum.com.br/a-nova-geracao-de-lideres
https://facbel.edu.br

https://aithor.com/pt-br
https://mundologistica.com.br
https://www.empreendeaqui.com.br
https://cfa.org.br/espiritualidade-organizacional